PFERDE-
KRANKHEITEN

Tony Pavord

PFERDE-
KRANKHEITEN

Vorbeugung · Symptome · Behandlung

Franckh-Kosmos

4

Titel der englischen Originalausgabe:
Your Horse's Health
erschienen 1991 bei The Crowood Press
Ltd., Swindon
(ISBN 1-85223-532-2)

Aus dem Englischen von Jörg Savelsberg.
Fachliche Beratung: Dr. med. vet. Hans
Degenhardt.

Mit 8 Farbfotos von Sigrun Geveke (3), Edgar Schöpal (1), Walburga Thönnissen (2)
und Elisabeth Weiland (2). Die Giftpflanzen
zeichnete Marianne Golte-Bechtle, die
Schwarzweißzeichnungen fertigten Hazel
Morgan und Reiner Zieger (1).

Umschlaggestaltung von Atelier Jürgen
Reichert, Stuttgart, unter Verwendung von
Fotos von Walburga Thönnissen, Sigrun
Geveke und Edgar Schöpal.

Die Deutsche Bibliothek — CIP-Einheitsauf-
nahme

Pavord, Tony:
Pferdekrankheiten : Vorbeugung —
Symptome — Behandlung / Tony Pavord.
[Aus dem Engl. von Jörg Savelsberg übers.]. —
Stuttgart : Franckh-Kosmos, 1993
    Einheitssacht.: Your horse's health <dt.>
    ISBN 3-440-06669-X

Für die deutschsprachige Ausgabe:
© 1993, Franckh-Kosmos Verlags-GmbH &
Co., Stuttgart
Alle Rechte vorbehalten
ISBN 3-440-06669-X
Printed in Germany/Imprimé en Allemagne
Satz: Typobauer Filmsatz GmbH, Ostfildern
Druck und Binden: Huber KG, Dießen

Pferdekrankheiten

Einführung

Dieses Buch soll Ihnen, dem Pferde-besitzer, eine praktische Anleitung sein. Es soll Ihnen helfen, den Zu-stand Ihres Pferdes einzuschätzen und Erkrankungen zu erkennen. Es ist unterteilt in Kapitel, die sich mit den verschiedenen Abschnitten der Pferde-Anatomie beschäftigen, und in solche Kapitel, die auf die mehr grundsätzlichen Aspekte der Pferde-gesundheit eingehen. Jedes Kapitel enthält eine Beschreibung der Krank-heiten und Leiden, von denen der je-weilige Körperteil besonders häufig betroffen ist, und eine kurze Diskus-sion der Behandlung. In einem Buch dieses Umfangs kann natürlich nicht jeder Punkt so im Detail behandelt werden, wie ich das gerne tun würde. Wer sein Wissen erweitern möchte, sei auf die Bücherliste verwiesen, die im Anhang zu finden ist.

Vorbeugung

Routineimpfung

Das Impfen ist eine Methode, mit der das Pferd gegen eine Krankheit immunisiert wird. Ein Teil der Krankheitserreger oder veränderte Krankheitserreger werden in den Körper gespritzt, um dort die Produktion von Antikörpern gegen die jeweilige Krankheit zu stimulieren.

Auffrischungsimpfungen sind nötig, um ein angemessenes Schutzniveau zu erhalten. Die Zwischenräume hängen ab vom Typ des Impfstoffes.

Die von einer Stute entwickelte Immunität gegen eine Krankheit kann durch die erste Milch passiv auf das Fohlen übertragen werden. Diese Tatsache erlaubt den natürlichen Schutz des Fohlens vom Tag der Geburt an.

Gegen Tetanus

Eine erste Serie von zwei Injektionen wird intramuskulär verabreicht; beide Injektionen sollen in einem Abstand von nicht weniger als vier und nicht mehr als sechs Wochen gegeben werden. Die erste Wiederholungsimpfung soll ein Jahr später erfolgen und weitere Wiederholungen

im Zwei-Jahres-Rhythmus bzw. gleich nach ernsthaften Verletzungen oder Operationen. Fohlen werden ab dem vierten Monat geimpft — oder auch früher, falls die Mutter nicht geimpft war. Die Tetanus-Impfung wird oft mit der Impfung gegen Pferdegrippe kombiniert.

Gegen Pferdegrippe

Während das Direktorium für Vollblutzucht und Rennen und die Internationale Reiterliche Vereinigung (FEI) Impfungen gegen die Pferdegrippe für solche Pferde vorschreiben, die in ihrem Aufsichtsbereich gestartet werden, verlangt dies die Deutsche Reiterliche Vereinigung (FN) nicht. Eine Impfung ist jedoch dringend anzuraten.

Nach den Empfehlungen der Hersteller soll das Impfprogramm bei Fohlen im Alter von drei Monaten gestartet werden, damit der notwendige Impfschutz gewährleistet ist. Die erste Nachimpfung soll vier bis sechs Wochen später gegeben werden und die nächste weitere sechs Monate später.

Bei erwachsenen Pferden soll die erste Wiederholungsimpfung sechs Monate nach der Erstimpfung erfolgen; weitere Auffrischungen sollen nicht weniger als neun Monate auseinanderliegen. Bei Risiko-Pferden (häufiger Transport usw.) werden Auffrischungen im Intervall von sechs Monaten empfohlen.

Gegen Pferde-Herpes

Prevaccinol® dient dazu, bei tragenden Stuten einen durch das Virus EHV1 verursachten Abort zu verhindern. Geimpft wird erstmals, wenn die Stute drei oder vier Monate tragend ist, und dann wieder im siebten oder achten Monat. Diese Impfungen dürfen keinesfalls ausgelassen werden!

Prevaccinol® ist ein Impfstoff, der sich gegen die respiratorische Form des Virus EHV1 wendet (Erkrankung der Atmungsorgane).

Routinemaßnahmen
Hufe kürzen und beschlagen

Zweck des Hufbeschlags ist es, den Huf bei der Arbeit auf hartem und rauhem Boden zu schonen und ihm guten Halt beim Auffußen zu verschaffen. Das Prinzip eines guten Beschlags ist eine derartige Herrichtung des Hufs, daß die korrekte Huf-Fesselbein-Achse nach Auflegen der Eisen erhalten bleibt. Außerdem ist es wichtig, daß der Huf durch das Eisen korrekt unterstützt wird. Alle vier bis sechs Wochen sind beim beschlagenen Pferd die Hufe zu kürzen und auszuschneiden – gleich ob die Eisen erneuert werden müssen oder nicht.

Wurmkuren

Das Verabreichen von Wurmkuren ist eine Routinemaßnahme. Sie wird alle vier bis sechs Wochen wiederholt, wobei im Winter das Zeitintervall verlängert werden kann.

Allen gemeinsam weidenden Pferden verabreicht man die Wurmkur zur selben Zeit. Sonst können verwurmte Pferde die Weide weiterhin verunreinigen. Bevor man dem Bestand ein neues Pferd zugesellt, wird es einer Wurmkur unterzogen und 72 Stunden isoliert gehalten. Pferde sollten 24 Stunden nach einer Wurmkur auf eine möglichst wurmfreie Weide gebracht werden.

Verschiedene Würmer haben eine Resistenz gegenüber einzelnen Wurmmitteln entwickelt. Daher gibt man die verschiedenen Mittel, wie im Terminkalender dargestellt (siehe Seite 98/99), immer im Wechsel. Anfang Dezember sollte man das Mittel Ivomec® anwenden, das Würmer und Larven tötet. Es zeichnet sich durch eine hervorragende Wirkung aus, ist aber vergleichsweise teuer. Wenn Sie das Mittel wechseln, überzeugen Sie sich davon, daß der darin enthaltene Wirkstoff auch tatsächlich ein anderer ist: Dieselben Wirkstoffe sind unter jeweils verschiedenen Markennamen erhältlich (siehe Tabelle Seite 98/99). Sehr wichtig ist natürlich eine gute Weidepflege. Entfernen Sie Pferdeäpfel wöchentlich von der Weide, damit die Larven nicht ins Gras kriechen können und so von den Pferden wiederum gefressen werden. Wenn möglich, läßt man Schafe und Kühe im Wechsel mit Pferden weiden. Schafe und Kühe verdauen die Eier und Larven von Pferdewürmern, ohne daß sie Schaden erleiden.

Zähne raspeln

Mindestens einmal im Jahr sind die Zähne auf ungleichmäßige Abnutzung und Zahnhaken zu untersuchen. Ein passender Zeitpunkt ist wegen des harten Winterfutters das Frühjahr, vor dem Austrieb auf die Weide. Zahnhaken und ungleichmäßig abgenutzte Zähne müssen geraspelt werden. Dazu benutzt man ein gut funktionierendes Maulgatter. Zuerst schaut man die Zähne an und tastet sie ab. Dann werden Zahnhaken mit Zahnscheren entfernt und scharfe Ecken mit der Raspel geglättet.

Erkrankungen des Bewegungsapparates

Huferkrankungen
Hufrehe

Häufig geht man davon aus, daß Hufrehe ein Problem fetter Ponys ist, die auf üppigen Weiden grasen. Hufrehe kann auch durch Überfressen verursacht werden (Futterrehe) oder durch Umstände, die zu einer chemisch-toxischen oder bakteriellen Erkrankung führen, z. B. die Zurückhaltung der Nachgeburt (Geburtsrehe). Überlastung der Hufe kann ebenfalls Anlaß für eine Rehe sein (Belastungsrehe). Auslösendes Moment scheint in allen Fällen eine plötzliche Überbelastung des Verdauungsapparates mit Kohlehydraten zu sein.

Dies führt zu einer übermäßigen Vermehrung der Bakterien, die Milchsäure produzieren. Die Milchsäure-Überdosis tötet die normalen Bakterien im Dickdarm und schädigt die Schleimhaut des Dickdarms. Giftige Reste toter Bakterien und Milchsäure können dann in das Gefäßsystem eindringen. Diese Gifte bewirken eine Erhöhung des Blutdrucks, einen Kurzschluß im Blutkreislauf zum Fuß und einen Versorgungsmangel an wichtigen Aminosäuren oder Sauerstoff in der Lederhaut. Diese besteht aus Blättchen- und Röhrenhorn, die ineinandergreifen, um den Huf und das darunterliegende Hufbein miteinander zu verbinden. Der verringerte Blutfluß verursacht starke Schmerzen. Die Lederhaut degeneriert, Blut und Serum sammeln sich zwischen Huf und Knochen und bewirken dadurch deren Trennung. Gelegentlich zerstört die reduzierte Blutzufuhr am Kronrand das hier befindliche Gewebe, und der ganze Huf kann sich ablösen (Ausschuhen). Symptome sind akuter Schmerz, das Pferd macht einen gequälten Eindruck, schwitzt und zittert. Der Puls der Fußarterien schlägt heftig und schnell. Charakteristisch ist die vorder- bzw. unterständige Gliedmaßenstellung; es hat den Anschein, als lehne das Pferd sich zurück, um den Vorderteil der Hufe nicht zu belasten. Die Trennung zwischen Huf und Hufbein und der Zug der tiefen Beugesehne bewirkt eine Drehung (Rotation) des Hufbeins. Dadurch wird Druck auf die Sohle ausgeübt, die aus ihrer gewölbten in eine flache Form übergeht. In schweren Fällen durchdringt der Knochen die Hufsohle. Unheilbar sind die Veränderungen, die innerhalb der ersten zwölf Stunden in der Lederhaut auftreten. Die Behandlung muß also sofort einsetzen. Sie sollte das Ziel ha-

Das Skelett des Pferdes

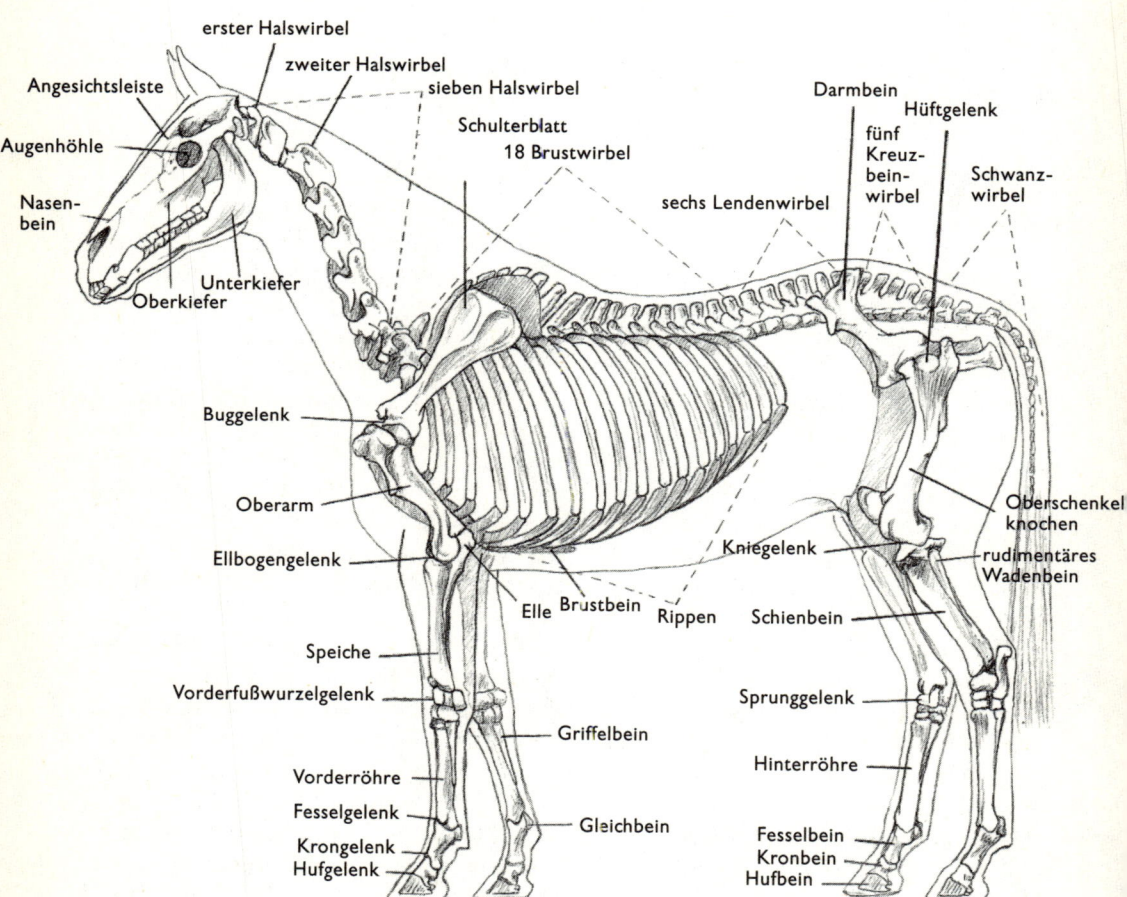

erster Halswirbel
zweiter Halswirbel
sieben Halswirbel
Angesichtsleiste
Schulterblatt
18 Brustwirbel
Augenhöhle
Darmbein
Hüftgelenk
fünf
Kreuz-
bein-
wirbel
Schwanz-
wirbel
sechs Lendenwirbel
Nasen-
bein
Unterkiefer
Oberkiefer
Buggelenk
Oberarm
Oberschenkel
knochen
Ellbogengelenk
Kniegelenk
rudimentäres
Wadenbein
Elle Brustbein
Rippen
Schienbein
Speiche
Vorderfußwurzelgelenk
Sprunggelenk
Griffelbein
Vorderröhre
Hinterröhre
Fesselgelenk
Krongelenk
Hufgelenk
Gleichbein
Fesselbein
Kronbein
Hufbein

Die Muskeln des Pferdes

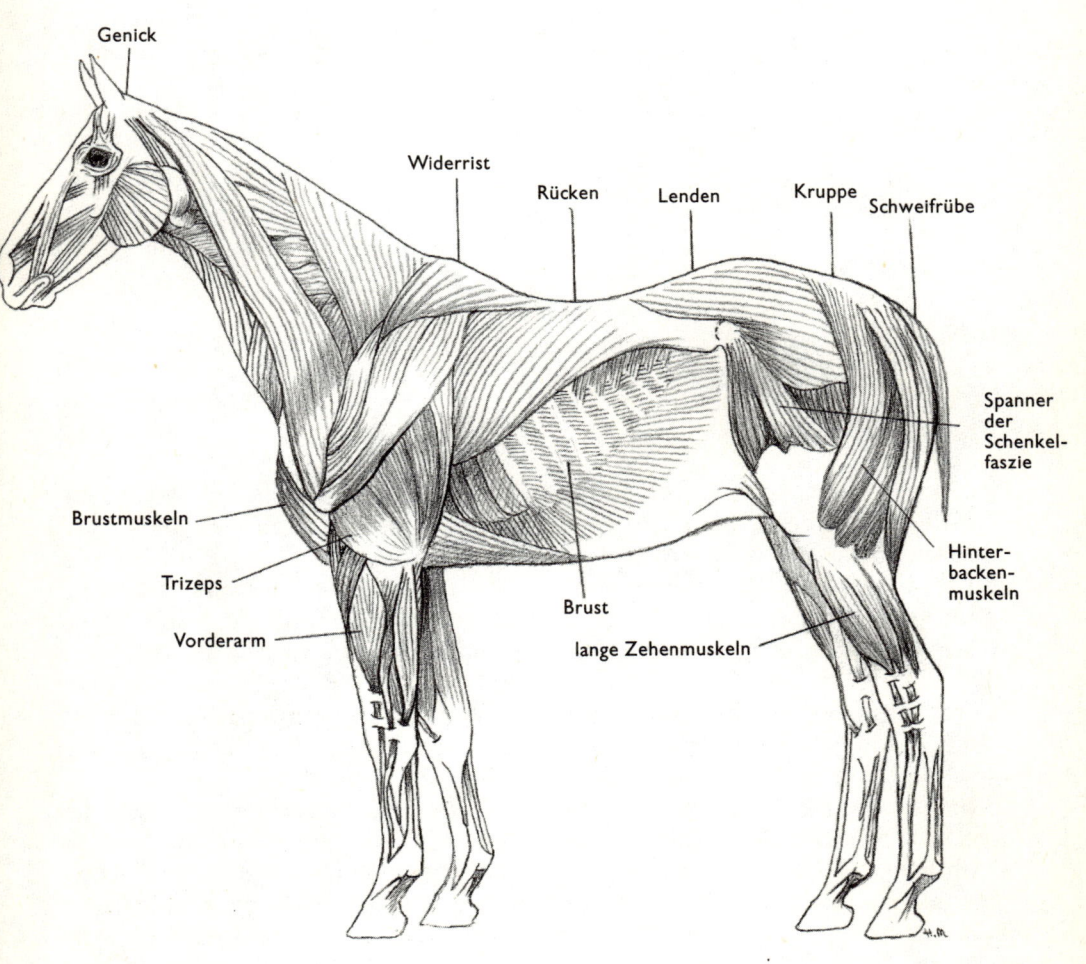

Genick

Widerrist

Rücken

Lenden

Kruppe

Schweifrübe

Spanner
der
Schenkel-
faszie

Brustmuskeln

Trizeps

Vorderarm

Brust

lange Zehenmuskeln

Hinter-
backen-
muskeln

Normaler Huf und Rehehuf

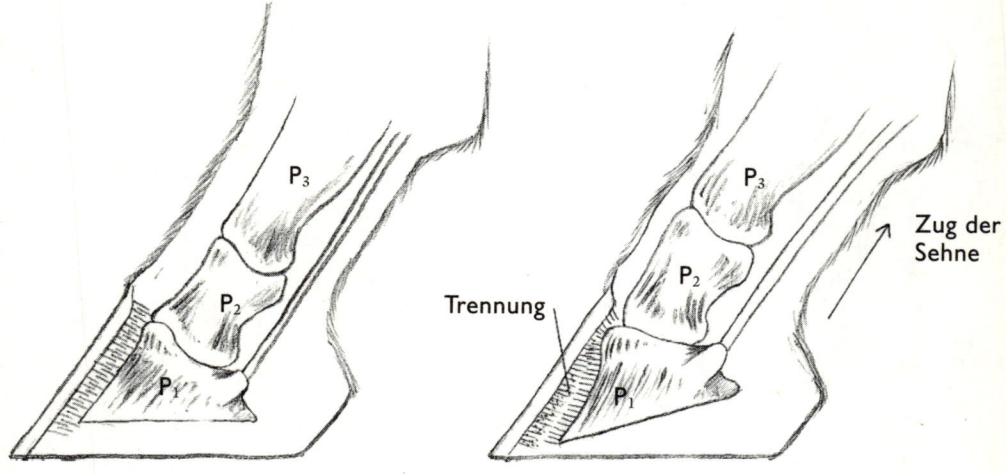

Rotation

ben, weiteren Schaden zu verhindern und die Auswirkung des Mangels an Blutzufuhr für die Lederhaut zu reduzieren. Große Mengen flüssigen Paraffinöls tragen dazu bei, die weitere Absorption der Giftstoffe aufzuhalten. Phenylbutazon verringert den Schmerz, erhöht die Blutzufuhr und wirkt entzündungshemmend. Wird die Nervenverbindung zum Fuß unterbrochen, dann erweitern sich die Gefäße, und der Blutfluß nimmt zu.

Im frühen Stadium der Rehe sollte man mittels sorgfältig kontrollierten Trainings versuchen, den Blutfluß anzuregen. Hat die Rotation jedoch schon eingesetzt, darf das Pferd nicht bewegt werden. Die neuen gefäßerweiternden Medikamente sind möglicherweise hilfreich, man weiß jedoch noch zu wenig über ihre Nebenwirkungen. Wahrscheinlich hilft Methio-

nin in einer Dosis von 10 Gramm pro Tag in der ersten Woche, die Verbindung von Huf und Hufbein wiederherzustellen. In schweren und akuten Fällen wird die Vorderwand des Hufes entfernt und das Hufbein durch ein spezielles, innen aufgewölbtes Eisen unterstützt, um so dem Fuß die Chance der Gesundung zu geben.

Bei einem hohen Prozentsatz aller Fälle erweist sich eine Behandlung als wirkungslos. Die Rehe wird chronisch. Die Behandlung konzentriert sich dann auf Schmerzlinderung durch die Gabe von entzündungshemmenden Mitteln kombiniert mit regelmäßigem (einmal pro Monat) korrigierendem Beschneiden der Hufe und Auflegen eines Eisens, das dem Hufbein zu einer normaleren Position verhilft.

Hufrollenentzündung

Die Hufrollenentzündung ist eine degenerative Erkrankung eines oder beider Strahlbeine an den Vorderbeinen. Das Strahlbein ist der kleine Knochen hinten am Hufgelenk, es ist tief innen im Fuß, knapp oberhalb der Ballen zu finden. Es wirkt als Gleitrolle für die tiefe Beugesehne, die an diesem Gelenk vorbeiläuft. Diese Erkrankung ist verbreitet bei Warmblütern, aber selten bei Arabern und Ponys.

Über die Ursache gibt es drei Theorien. Die erste geht davon aus, daß eine mechanische Verletzung des Knochens die Hauptursache ist. Die im allgemeinen anzutreffende lange Zehe und die niedrigen Trachten verstärken die Kräfte auf das Strahlbein, das dadurch an verschiedenen Stellen geschädigt wird. Die zweite Theorie nimmt an, daß Veränderungen in der arteriellen Blutversorgung in diesem Bereich und speziell mangelnde Blutversorgung des Strahlbeins zu den Schädigungen führen. Die dritte Theorie teilt die Schuld degenerativen Veränderungen des Strahlbeins zu. Die voranschreitende wissenschaftliche Forschung wird womöglich zu dem Schluß kommen, daß all diese Theorien miteinander verbunden sind und die Hufrollenentzündung eine Erscheinung ist, bei der viele Faktoren zusammenspielen.

Die Hufrollenentzündung entwickelt sich allmählich. Wenn sie als plötzliche Lahmheit dargestellt wird, dann zeigt ein Blick in die Krankheitsgeschichte, daß sich die Gangart des Pferdes schon seit einiger Zeit verändert hat. Ein betroffener Fuß wird in der Ruhe oft nach vorne gestellt; sind beide Füße betroffen, dann muß eine Lahmheit nicht einmal zu erkennen sein. Blockiert man jedoch den Nerv eines Hufes, wird sich die Lahmheit am anderen deutlich zeigen. Liegt eine Hufrollenentzündung schon geraume Zeit vor, führt die reduzierte Aufweitung der Trachten zu einem Zwanghuf. Sorgfältigste Aufmerksamkeit ist der Gestalt des Fußes zu widmen, vor allem ist die korrekte Achse Huf-Fesselbein wiederherzustellen. Dem Huf, insbesondere den Ballen, muß die Chance gegeben werden, sich zu weiten. Um den Huf entsprechend zu unterstützen, empfiehlt es sich, Eisen mit Zehenrichtung aufzulegen.

Medikamente, die auf den Blutkreislauf wirken und den Blutfluß zum Strahlbein verbessern, sind schon mit einigem Erfolg angewen-

Abschnitt des Fußes, der die Lage des Strahlbeins zeigt.

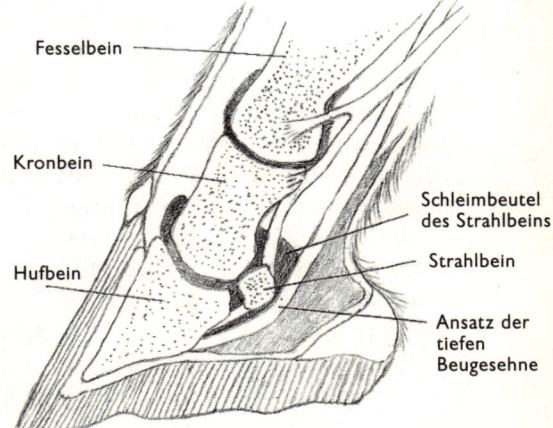

Fesselbein

Kronbein

Schleimbeutel des Strahlbeins

Strahlbein

Hufbein

Ansatz der tiefen Beugesehne

det worden. Warfarin wirkt als gerinnungshemmendes Mittel. Man nimmt an, daß es die Entwicklung einer sekundären Blutzufuhr in solchen Fällen unterstützt, in denen die eigentlichen Arterien geschädigt und durch Pfropfen verschlossen sind. Warfarin ist ein giftiges Medikament und darf nur unter fachmännischer Kontrolle verabreicht werden.

Isoxsuprin erweitert die peripheren Blutgefäße, verringert die Zähflüssigkeit des Blutes und verbessert die Blutversorgung des Strahlbeins. Das Zusammenwirken einer guten Hufkorrektur und einer zumindest dreiwöchigen Kur mit Isoxsuprin hat gute Ergebnisse gezeigt. Einziger Nachteil sind die Kosten. Auch mit chirurgischen Behandlungsmethoden hat man es schon versucht. Die Neurektomie – das Durchtrennen der Nerven, die den Huf versorgen – wurde einige Zeit vorgenommen. Die gelegentlich auftretenden ernsthaften Komplikationen begrenzen jedoch den Nutzen dieses Verfahrens. Mehr verspricht eine neue Methode, bei der die beidseitigen Unterstützungsbänder des Strahlbeins durchtrennt werden. Diese Bänder halten die Gelenkkapsel unter Spannung. Durchtrennt man sie, wird die Spannung reduziert, und eine bessere Blutversorgung kann sich entwickeln. Entzündungshemmende Mittel können gegen den Schmerz eingesetzt werden, sie sind jedoch nur als kurzfristige Maßnahme zu empfehlen.

In den letzten Jahren hat sich die Meinung über die Hufrollenerkrankung grundlegend geändert. »Hufrolle« ist heute nicht mehr eine unheilbare Krankheit, bei der als einzige Therapie der Nervenschnitt hilft. Gerade im Frühstadium der Krankheit ist häufig die Verwendung von Eiereisen (ovaler Schenkel hinten) zur Entlastung des Druck- und Rollenlagers (daher Hufrolle!) schon ausreichend, um die Lahmheit aufzuheben. Peripher durchblutungsfördernde Medikamente sind zusammen mit viel ruhiger Bewegungstherapie (langsamer Trab, »Joggen«) die Mittel der Wahl.

Hufentzündung

Mit dem Wort Hufentzündung wird ein entzündlicher Zustand des Hufbeins bezeichnet. Oft muß diese Erkrankung auch für jene Fälle geringgradiger Lahmheit herhalten, deren exakte Ursache unbekannt ist. Klassisches Charakteristikum ist eine Auflockerung der Knochensubstanz im Bereich der Hufbeinspitze und eine Aufrauhung des unteren Randes. Röntgenbilder des Hufbeins weisen jedoch so viele Variationen auf, daß nur schwerlich entschieden wer-

Rechts oben: Nervosität und Unsicherheit eines Pferdes können u.a. auf Augenfehler zurückzuführen sein. Auch der Vorfall der Nickhaut oder eine Verfärbung der Schleimhäute können Hinweise auf bestimmte Krankheiten geben.

Unten: Es sieht schlimmer aus, als es ist: Ein Zahngatter ermöglicht dem Tierarzt eine ungestörte Untersuchung des Pferdegebisses auf Zahnhaken oder andere Anomalien und ihre Beseitigung.

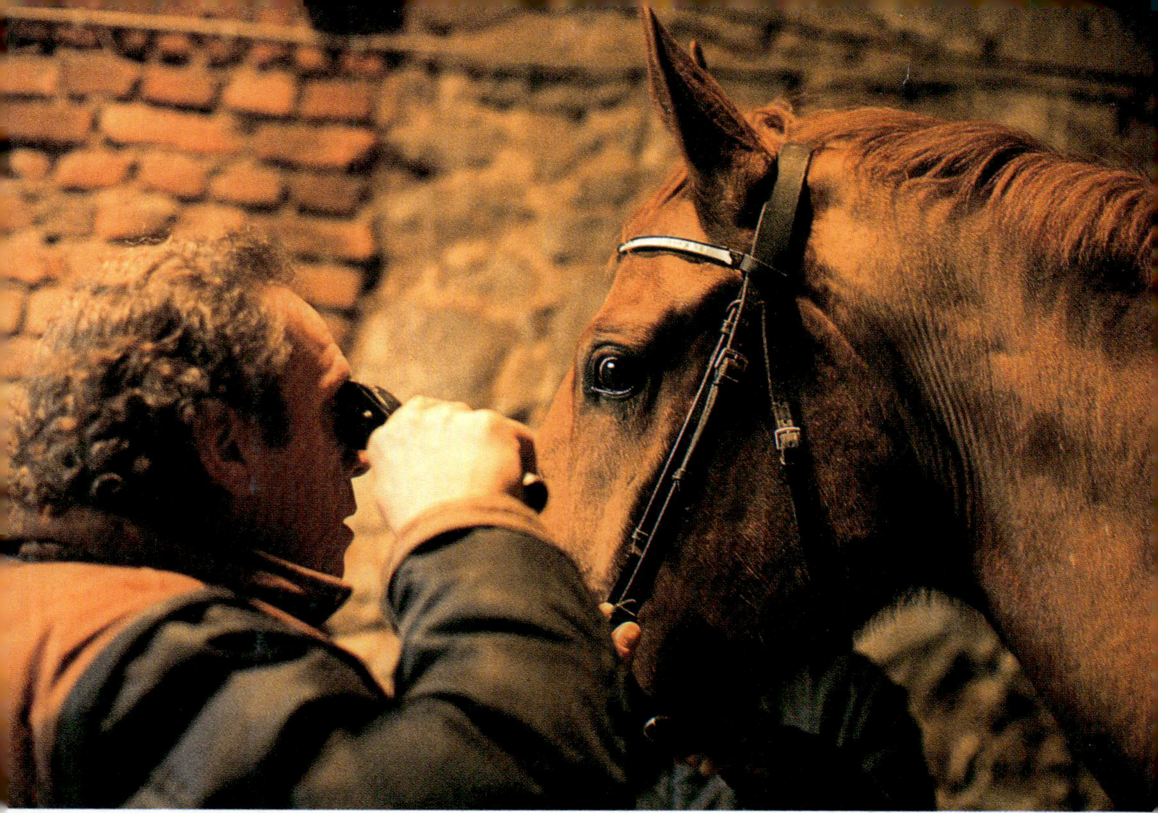

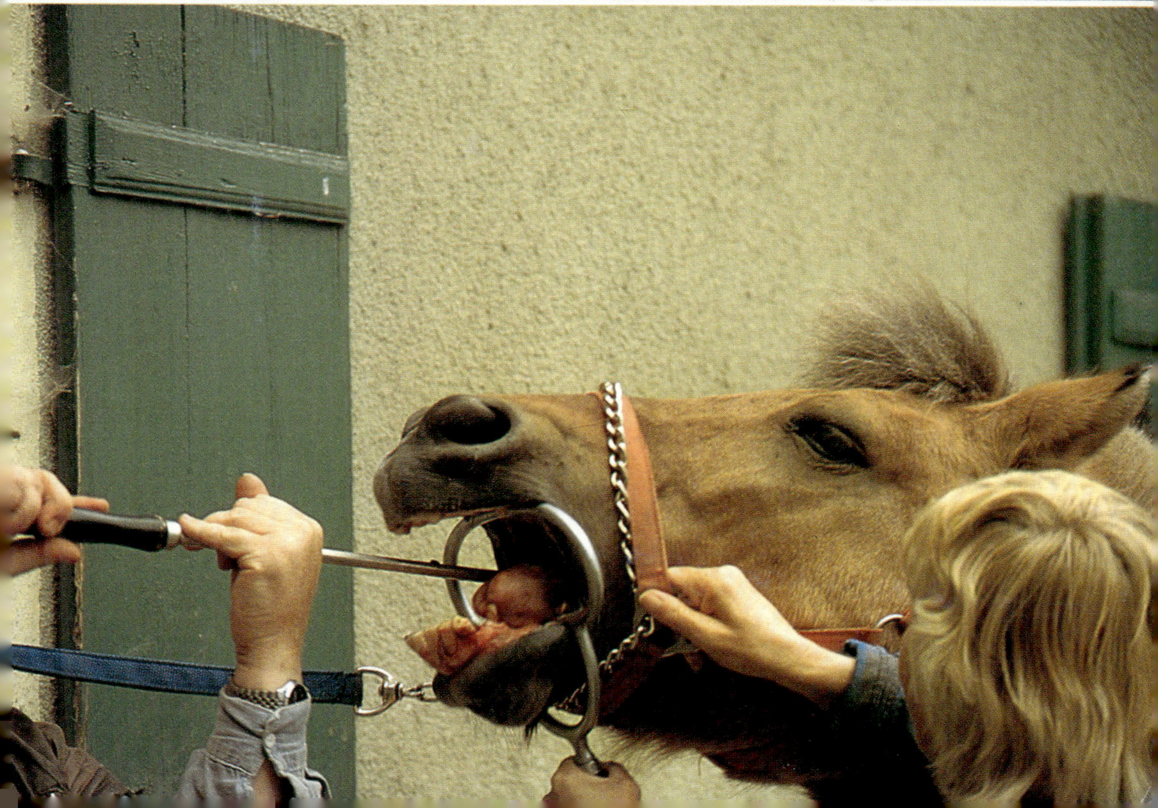

den kann, was normal ist und was nicht. Eine Behandlung ist selten erfolgreich. Eisen mit Hufkissen sind womöglich am nützlichsten; ein Steg zwischen den Schenkeln des Eisens, der auf den Strahl drückt, regt den Blutkreislauf an.

Strahlfäule

Strahlfäule ist eine Infektion des Hufs, die sich gewöhnlich von der mittleren Strahlfurche her ausbreitet. Schreitet die Infektion fort, löst sich der Strahl von den darunterliegenden Strukturen, der ganze Bereich wird weich, käsig und riecht übel. Nässe und Schmutz verschlimmern die Strahlfäule. Die Behandlung umfaßt ausgedehntes Ausschneiden des Hufes zur Entfernung des befallenen Gewebes und lokalen Einsatz von Holzteer und gfs. Chloramphenicol (Antibiotikum).

Vernachlässigte Fälle können sich als sehr widerstandsfähig gegen jede Behandlung erweisen.

Knöcherne Zubildung an der Hufbeinkappe

(Processus extensorius)

Eine Verletzung, hervorgerufen durch einen Schlag oder durch Überlastung der Sehne, die an der Vorderseite des Beines nach unten läuft, verursacht neues Knochenwachstum und eine weiche Gewebeschwellung an der Stelle, wo die Sehne vorne am Hufbein ansetzt. Dieser Schaden und die Reaktion darauf bewirken eine starke Lahmheit mit Schwellung, Hitze und Schmerz auf Höhe des Kronrandes. Bei einer sehr starken Zerrung kann das Hufbein sogar an der Stelle brechen, wo die Sehne ansetzt.

Eine komplette Ruhigstellung bis zu drei Monaten ist nötig. In schweren Fällen ist eine völlige Genesung häufig ausgeschlossen. Kleine Bruchstücke können durch ein in die Hufwand geschnittenes Fenster entfernt werden, größere kann man versuchen zu nageln.

Hornspalt

Hornspalte werden verursacht durch einen Defekt im Hufhorn. Sie beginnen unten am Huf und setzen sich nach oben bis zum Kronrand fort, oder — was schlimmer ist — sie starten am Kronrand und bewegen sich abwärts. Im letzteren Fall ist die Schädigung des Kronrandes, die zu einer Schwächung der Hufwand führt, die übliche Ursache. Viele Pferde ziehen sich Hornspalte zu und gehen doch nie lahm. Wenn der Hornspalt empfindliche Bereiche erreicht oder sich auf den Kronrand ausdehnt, kann sich eine Infektion entwickeln, die zu akuter Lahmheit führt.

Der Hornspalt muß ausgeschnitten werden, und alle infizierten Stellen sind zu entfernen. Sowohl lokale

Die Beugeprobe, bei der eine Gliedmaße extrem abgewinkelt einige Zeit festgehalten und das Pferd unmittelbar danach angetrabt wird, gibt Auskunft über etwaige Lahmheitsherde.

als auch systematische Behandlung mit Antibiotika sind notwendig, ebenso ein täglich neuer Verband. Wenn das Pferd wieder gesund ist, kann der Defekt stabilisiert werden, indem man die ausgeschnittenen Stellen mit synthetischem Harz ausfüllt und mit Klammern oder Draht fixiert. Eine bessere Methode ist diese: Über die ausgefüllte Stelle wird ein Glasfaserkissen gelegt. Mit kleinen Schrauben rechts und links des Hornspalts wird das Kissen fixiert.

Offene Hufverletzungen

Oberflächliche Wunden und solche im vorderen Drittel des Hufes können erfolgreich behandelt werden. Ist die Wunde in der Mitte oder noch weiter hinten, dann sind die Aussichten nicht so gut.

Sofortige Behandlung ist notwendig. Die Wunde sollte ausgeschnitten und sorgfältig gesäubert werden; dann wird mit der Antibiotika-Behandlung begonnen. Tetanusgefahr droht bei einer solchen Verletzung; ist das Pferd nicht geimpft, muß für sofortigen Schutz gesorgt werden.

Hufgeschwür

Eiter im Huf führt zu akuter Lahmheit, als habe das Pferd einen Beinbruch erlitten. In Wirklichkeit fühlt das Pferd den Schmerz, wenn sich Eiter bildet, der Druck innerhalb des betroffenen Hufes erzeugt. Dieser Vorgang dauert etwa vier bis fünf Tage. Die Entzündung kann Folge einer Verletzung sein, bei der die

Hufwand durchstoßen oder der Huf gequetscht wurde, sie kann auch nach Steingallen auftreten. Kleine Schmutzpartikel können an einer schwachen Stelle in den Huf eindringen – zumeist an der weißen Linie – und eine Entzündung verursachen.

Akute Lahmheit ist das am häufigsten zu beobachtende Symptom. Der Fuß wird heiß, die den Fuß versorgenden Blutgefäße sind geschwollen, und der Puls kann deutlich mitten auf dem Kronbein gefühlt werden. Schwellungen können sich auch weiter oben am Bein entwickeln. Später erscheint Eiter am Kronrand, zumeist oberhalb der ursprünglichen Infektionsstelle.

Die Hufsohle muß sorgfältig gesäubert werden, jeder Auffälligkeit muß so lange nachgespürt werden, bis der Abszeß gefunden worden ist und entfernt werden kann. Ein Bad in heißem Wasser und ein Schwitzverband können dazu beitragen, daß die Entzündung behoben wird, sie können auch den Reifeprozeß des Abszesses fördern, wenn der eigentliche Herd nicht sofort gefunden wird. Nach Versorgung der Infektion empfiehlt sich eine Behandlung mit Antibiotika.

Krankhafte Veränderungen an den Extremitäten

Sehnenzerrung

Sehnenzerrungen sind am häufigsten an den Beugesehnen der Vordergliedmaßen zu finden. Eine Zerrung tritt dann auf, wenn die natürliche Fähigkeit der Sehne, sich zu strecken und wieder zusammenzuziehen, überfordert wurde. Sehnenzerrungen trifft man darum gewöhnlich bei Pferden an, von denen bei der Arbeit hohes Tempo verlangt wird.

Sehnenzerrungen können eine Lahmheit verursachen, je nachdem, wie stark der Schaden ist, den die Sehne erlitten hat. In schweren Fällen wird der Fuß hochgehalten, allenfalls leicht mit der Hufspitze abgestützt. Der geschädigte Bereich schwillt schnell an, und das führt zu einer Reaktion, die Erwärmung und Schmerz verursacht. Eine Ultraschall-Untersuchung ist in solchen Fällen eine große Hilfe; das damit erzeugte Bild kann Auskunft über den Grad des Schadens und die Heilungsaussichten geben.

Sofortige Behandlung ist notwendig. Dazu wendet man Maßnahmen an, die die Menge an Blut und Flüssigkeit vermindern, die in und zwischen die geschädigten Fasern eindringt. Die beste Methode ist ein Druckverband, der so schnell wie möglich angelegt wird. Ferner sind kühlende Verbände hilfreich.

Die weitere Behandlung besteht in der Ruhigstellung des Beines mittels einer starren Schienung, bis Schmerz und Entzündung nachgelassen haben. Darauf bleibt das Pferd lange Zeit im Stall, nur gelegentlich darf es für leichte Bewegung im Schritt herausgeholt werden. Das kann sechs Monate dauern. Weitere sechs Monate, in denen es sich in einem kleinen Auslauf aufhalten darf, sind nötig, bevor die normale Arbeit wieder aufgenommen werden kann.

Muskeln und Sehnen der vorderen Gliedmaße

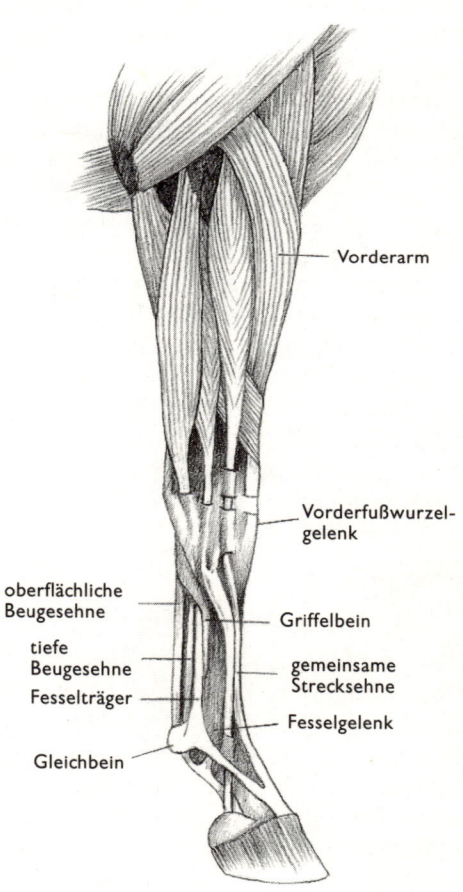

Vorderarm

Vorderfußwurzelgelenk

oberflächliche Beugesehne

tiefe Beugesehne

Fesselträger

Gleichbein

Griffelbein

gemeinsame Strecksehne

Fesselgelenk

Chirurgische Behandlungsmethoden, bei denen verschiedene Implantate als »Gerüst« in die Sehne eingesetzt werden, sind bereits versucht worden. Keine Behandlung war jedoch erfolgreicher als die beschriebene Ruhigstellung. Ständig kommen neue Materialien hinzu; irgendwann einmal wird vielleicht eines gefunden, mit dem eine schwer geschädigte Sehne erfolgreich wiederhergestellt werden kann. Ein Gutachten über die Behandlung von Sehnenschäden, das Professor Silver von der Universität Bristol erstellt hat, kommt übrigens zu dem Schluß, daß Brennen nicht hilft (in einigen Fällen hat es sogar geschadet!) und daß es keine therapeutische Grundlage für diese Methode gibt.

In den letzten Jahren hat sich die Injektion von Natrium-Hyaluronat in die geschädigte Sehne als das Mittel der Wahl erwiesen. Diese Behandlungsmethode verkürzt die Wiederherstellungszeit zusammen mit einem kontrollierten Bewegungsprogramm auf sechs bis neun Monate.

Phlegmone
(Einschuß)

Mit Phlegmone wird eine, unter Umständen eitrig werdende Entzündung des Unterhautbindegewebes bezeichnet. Häufig kommt es vor, daß eine Verletzung der Haut, die diese Erkrankung verursacht hat, so winzig ist, daß sie nicht bemerkt wird. Das Bein schwillt an, wird hart und heiß. Bis zum Eintreffen des Tierarztes wird der betroffene Gliedmaßenbereich gekühlt. Zur Behandlung werden Antibiotika gegeben. Um eine dauerhafte Verdickung zu verhindern, empfiehlt es sich in jedem Fall, den Tierarzt zu konsultieren. Gelegentlich kommt es vor, daß Phlegmonen trotz angemessener Behandlung in Abständen immer wieder auftreten. Über die Ursache dieser Erscheinung wird noch geforscht.

Überbeine

Überbeine sind knöcherne Auftreibungen, die sich meist innen-vorne am Röhrbein entwickeln. Gelegentlich treten sie auch außen und an den Hintergliedmaßen auf. Überbeine resultieren aus Zerrung oder Überlastung des Bandes, das Griffel- und Röhrbein miteinander verbindet. Im frühen Stadium kann die Schwellung erwärmt und weich sein, sehr bald jedoch entwickelt sie sich zu der bekannten kalten, flachen Beule. In der Entwicklungsphase sind Ruhe und ein fester Verband vonnöten. Geblistert oder gebrannt werden darf nicht — diese Methoden verschärfen die örtliche Reaktion und erhöhen die Chance einer weiteren Knochenablagerung. Chirurgische Maßnahmen werden angewandt, wenn die Auftreibung die Fortbewegung behindert oder wenn kosmetische Erwägungen eine Entfernung notwendig machen.

Die infolge eines Schlages an den Knochen u. U. entstehenden Auftreibungen werden zwar im allgemeinen Sprachgebrauch ebenfalls als Überbeine bezeichnet, es handelt sich dabei aber genaugenommen um knöcherne Zubildungen.

Sprung- und Fesselgelenkgallen

Diese Gallen sind weiche Schwellungen der Gelenkkapseln, die knapp oberhalb von Sprung- und Fesselgelenk auftreten oder hinten an diesen Gelenken. Viele hart arbeitende Pferde sind betroffen von diesen Schwellungen, die sich während der

Der Stützapparat

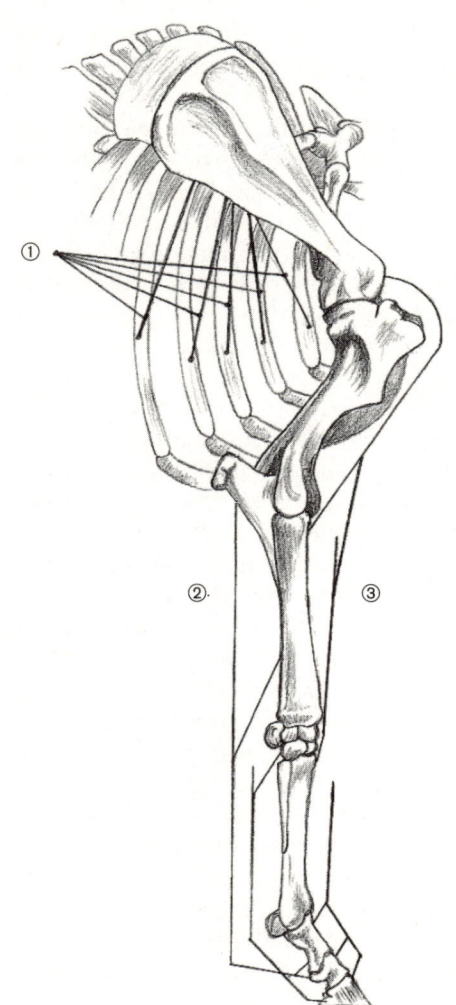

① Brustmuskeln und Bänder formen eine Schlinge, in der die Brust an den Vorderbeinen aufgehängt ist.

② Beugemuskeln und Sehnen

③ Streckmuskeln und Sehnen

Arbeit in ihrem Umfang verkleinern und nach Ruhepausen wieder ihre alte Größe annehmen. Eine Behandlung ist gewöhnlich nicht erfolgversprechend. Abgesehen davon, daß der Pferdehalter Gallen nicht gerne sieht, stellen sie keinen größeren Schaden dar.

Eitrige Gelenkentzündung

Septische Gelenkentzündungen werden beim erwachsenen Pferd durch eine offene Wunde im Gelenkbereich verursacht. Es handelt sich um einen Notfall, der sofort behandelt werden muß. Das Gelenk schwillt an und wird heiß, das Pferd lahmt sofort, und die anfänglich ausfließende, ölige Gelenkflüssigkeit wird sehr bald eitrig.

Die Gelenkhöhle sollte wiederholt mit einer salzigen, antibiotischen Lösung gespült werden, um sie sorgfältig zu säubern. Eine systematische Behandlung mit Antibiotika ist notwendig. Auf sofortige Maßnahmen reagieren auch ernsthafte Verletzungen zumeist positiv; werden sie vernachlässigt, kann dauernde Lahmheit die Folge sein.

Chronisch degenerierende Gelenkentzündungen

Als Gelenkentzündungen werden viele Gelenkerkrankungen bezeichnet. Sie können eine Folge von Verschleiß sein, das Resultat einer Gelenkverletzung oder der heutigen Mode, junge Pferde um des maximalen Wachstums willen zu mästen. Sie werden durch Veränderungen in der

Zusammensetzung und in den Strukturen des Knorpels verursacht, die ihrerseits aus biochemischen Veränderungen wichtiger chemischer Stoffe und Enzyme im Knorpel herrühren oder aus ungewöhnlich hoher Belastung des durch den Knorpel geschützten Knochens. Überlastet man junge, noch im Wachstum befindliche Pferde – z.B. durch die Arbeit auf schlecht angelegten Rennbahnen –, dann trägt das ebenso wie viele andere pferdesportliche Aktivitäten dazu bei, die Entstehung von Gelenkentzündungen zu fördern.

Hat sich eine Gelenkentzündung festgesetzt, dann gibt es keine Hilfe. Ruhe ist nötig im Anfangsstadium, jedoch sollte innerhalb von drei oder vier Wochen mit kontrollierter Arbeit begonnen werden. Im Einzelfall können ins Gelenk gespritzte Kristallsuspensionen von Kortison sinnvoll sein. Bessere Resultate sind auf Dauer jedoch mit Hyaluronsäure bzw. Glykosaminglycan-Präparaten zu erzielen. Dabei darf der Preis der Medikamente keine Rolle für deren Indikation spielen.

Um den Pferden Erleichterung zu verschaffen, ist es wohl am zweckmäßigsten, ihnen Phenylbutazon zu verabreichen. Es ist billig, seine Nebenwirkungen sind bei einem erwachsenen Pferd minimal, und in leichteren Fällen erweist es sich meist als wirkungsvoll.

Gleichbeinlahmheit

Diese Krankheit resultiert aus einer Überdehnung oder Zerrung der Gleichbeine, die hinter dem Fesselgelenk liegen. Abhängig vom Grad der Gewalteinwirkung kann der Schaden zwischen einer leichten und einer schweren Zerrung variieren, es kann sogar zu einem Gleichbeinbruch kommen.

Absolute Ruhe ist notwendig. In schweren Fällen wird das Bein geschient, wobei das Fesselgelenk gebeugt wird. Ist das Gleichbein gebrochen, werden kleinere Bruchstücke entfernt. Größere Fragmente können geschraubt werden.

Spat

Spat ist eine Entzündung an den unteren, unbeweglichen Knochen des Sprunggelenks. Sie tritt häufig beidseitig auf und ist in der Hauptsache wohl eine Folge ständiger Überlastung des Sprunggelenks. Man nimmt an, daß bei der Entstehung von Spat die Belastung dieses Gelenkes eine Rolle spielt. Man trifft ihn überwiegend bei säbelbeiniger und kuhhessiger Stellung an. Entzündliche Veränderungen treten in den Gelenkspalten auf, und eine Knochenauflagerung an der Innenseite des Gelenks kann sich zeigen. Der Grad der Lahmheit ist unterschiedlich. Häufig ist eine nachlassende Aktivität der Hinterhand zu beobachten, meist sind beide Hintergliedmaßen betroffen. Ist der Verknöcherungsprozeß beendet und sind die betroffenen Knochen miteinander verschmolzen, wird das Pferd wieder belastbar.

Unsichtbarer Spat ist ein Erkrankungstyp, bei dem sich alle Prozesse innerhalb des Gelenks abspielen. Sorgfältig erstellte Röntgenaufnah-

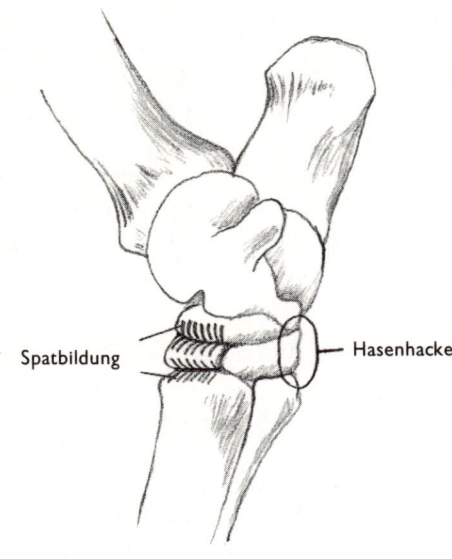

Das Sprunggelenk: Hier sitzen Hasenhacke und Spat.

Spatbildung

Hasenhacke

schleunigen und die sehr wenig beweglichen Knochen des Sprunggelenks miteinander verschmelzen zu lassen. Der Schmerz verschwindet dann, und das Pferd kann wieder gearbeitet werden. Üblich sind sowohl die chirurgische Methode, bei der ein Großteil des Gelenkknorpels entfernt wird, als auch ein gleichmäßiges Bewegen des Pferdes, wobei der unausweichliche Schmerz durch Phenylbutazon unter Kontrolle gehalten wird.

Hasenhacke

Eine Hasenhacke ist eine Verdikkung der Sehne, die hinten über das Sprunggelenk nach unten verläuft. Sie resultiert aus der Kombination einer schlechten Sprunggelenkstellung und übermäßiger Belastung. Zumeist zeigt sich die Hasenhacke knapp unterhalb des Sprunggelenks. Häufig kommt sie bei jungen Pferden vor. Sie verschwindet oft spontan. Eine Lahmheit tritt im allgemeinen nur im frühen Entwicklungsstadium auf. Anfänglich zielt die Behandlung auf eine Reduzierung der entzündlichen Vorgänge ab, im chronischen Stadium sind Maßnahmen unnötig.

men und spezielle Anästhesieverfahren sind vonnöten, um Spat dann nachzuweisen.

Kreuzgalle

Die Kreuzgalle ist eine chronische Vergrößerung von Teilen der Gelenkkapsel des Sprunggelenkes; sie sorgt für eine weiche, nachgebende Schwellung oben an der Außenseite oder tief an der Innenseite des Gelenks. Gelegentlich ist eine dritte Schwellung auf der Innenseite des Gelenks vorhanden. Ursache für diesen Spattyp ist womöglich die Kombination von Stellungsfehlern und Überlastung. Die Behandlung von Spat zielt darauf ab, die Veränderungen zu be-

Piephacke und Stollbeule

Piephacken und Stollbeulen entstehen durch einen Schaden am Schleimbeutel, der unterhalb der Sehnen liegt, die sich über den Fersenhöcker bzw. den Ellbogen hinwegziehen. Es erscheint eine große, häßlich aussehende Schwellung. Die Flüssigkeit kann zwar der Schwellung entzogen werden, aber fast immer entwickeln sich Piephacke oder Stollbeule aufs neue. Die chirurgische Entfernung ist technisch einfach; aber angesichts der Beweglichkeit des Ellbogens und des Sprunggelenks hat die zurückbleibende Wunde keine Chance sich zu schließen; diese Maßnahme lohnt sich darum nicht.

Ausrenkung der Kniescheibe

Diese Ausrenkung bietet einen alarmierenden Anblick. Die Bänder, die die Kniescheibe am Schienbein festhalten, verhaken sich über die innere Kniegelenkrolle des Oberschenkelknochens. Das Hinterbein ist in gestreckter Stellung fixiert und kann nicht nach vorne gezogen werden. Diese Phase der Unbeweglichkeit kann Sekundenbruchteile, aber auch einige Minuten andauern. Pferde mit geradem Kniegelenk scheinen anfällig für die Kniescheibenverrenkung zu sein. Sie kann ferner auftreten, wenn ein Pferd an Kondition verliert, geht dann aber zurück, wenn sich der Trainingszustand verbessert. Falls notwendig kann eine einfache Operation Abhilfe schaffen: Das innere gerade Kniescheibenband wird durchtrennt.

Krankhafte Veränderungen der Muskulatur

Hahnentritt

Der Hahnentritt befällt die Hintergliedmaßen. Bei jedem Tritt wird die Gliedmaße heftig gebeugt, gelegent-

lich so stark, daß der Huf unter den Bauch schlägt. In dieser Position verharrt die Gliedmaße für ein paar Augenblicke, dann normalisiert sich die Bewegung wieder. Chirurgische Durchtrennung des Muskels und der zugehörigen Sehne, von denen die plötzliche Beugung verursacht wird, zeigt unterschiedliche Resultate. Ein die Muskelspannung herabsetzendes Medikament kann helfen, den Hahnentritt unter Kontrolle zu halten.

Zuckfuß *(Shivering)*

Dies ist eine seltene Erkrankung, bei der die Gliedmaßen, meist die Hinterbeine, sich beugen und heftig zucken. In schweren Fällen zucken auch die Ohren, Vorderbeine und Augen. Die Ursache ist unbekannt, und es gibt keine wirkungsvolle Behandlung.

Kreuzverschlag

Diese Erkrankung hat nach dem Grad ihrer Schwere eine sehr große Bandbreite. Der typische Fall sieht so aus: Das im Stall gehaltene Pferd wird nur unregelmäßig bewegt, bekommt aber die volle Futterration. Darum wird der Verschlag auch Feiertagskrankheit genannt. Er tritt bei Ausdauerprüfungen auf und wiederholt sich gerne, ohne daß man über die Gründe Näheres weiß. An einem Verschlag erkranken können außerdem auch nichtarbeitende Weidepferde.

Das Pferd schwitzt übermäßig, atmet sehr schnell und hat Schmerzen in der Lenden- und Kruppenmuskulatur. Die Muskeln verkrampfen und schwellen an. Der Urin verändert seine Farbe und kann von bernsteinfarben bis dunkelbraun variieren. In schweren Fällen kann sich das Pferd nicht mehr bewegen, weil die betroffenen Muskeln ganz steif sind. Der Kreuzverschlag ist eine Krankheit, die viele miteinander verbundene Ursachen hat. Er tritt häufiger bei Stuten auf und hat mit kohlehydratreichem Futter und unregelmäßiger Bewegung zu tun. Unlängst wurde festgestellt, daß an Verschlag erkrankte Pferde eine ungewöhnlich hohe Menge an Mineralien in ihren Körperzellen hatten. Sobald dieser Zustand abgestellt wurde, trat Verschlag nicht mehr auf.

Das Pferd und insbesondere die betroffenen Muskeln sollten warm gehalten werden (Decken!). Es darf nicht bewegt werden, bis professionelle Hilfe eintrifft und die Schwere der Erkrankung beurteilt werden kann. Einfaches Wasser und Wasser mit Elektrolyten sollten dem Pferd angeboten werden.

Medikamente gegen den Schmerz können dem Pferd Linderung verschaffen. Sicheren Aufschluß über die Schwere der Krankheit bietet die Bestimmung der Muskelenzyme. Die Therapie ist bei schwerem Befund höchst sorgfältig mit muskelspezifischen Präparaten (Selen-E, Lyson, ATP) durchzuführen, um Rückfälle und chronische Erkrankungen der Muskeln zu verhindern. Nach überstandener Erkrankung kann das Pferd zu Anfang nur leicht gearbeitet werden, um die notwendige Kondition allmählich aufzubauen.

Krankhafte Veränderungen am Skelett

Beckenverletzungen

Beckenbrüche sind im allgemeinen eine Folge von Stürzen oder Verkehrsunfällen. Pferde, die dazu neigen, in den oder aus dem Stall zu stürmen, riskieren Brüche des Hüfthöckers.

In diesen Fällen werden chirurgische Maßnahmen manchmal notwendig. Operationen bei Beckenbrüchen sind dagegen nicht möglich; ist der Zustand des Pferdes ansonsten befriedigend, kann man den Fortgang nur abwarten.

Beckenzerrungen sind übliche Verletzungen bei Sportpferden. Meist sind die Bänder betroffen, die Kreuz- und Darmbein miteinander verbinden. Häufigstes Symptom ist die Abneigung des Pferdes, sich frei vorwärtszubewegen. Pferde, die normalerweise gerne, ja mit Begeisterung springen, haben keine Freude mehr an dieser Arbeit. Zur Diagnose wird die Anästhesie der Kreuzbein-Darmbein-Gelenke genutzt. Eine Unterspritzung mit Kristallsuspension von Kortison und eine entsprechende Bewegungstherapie bringen baldige Besserung.

Rückenverletzungen

Im Gegensatz zur Meinung vieler »Rückenexperten« sind Rückenverletzungen beim Pferd sehr selten. Der Rücken ist ein außerordentlich starker und starrer Körperteil, dem die meisten Attacken nichts anhaben können. Gelegentlich wachsen die aufrecht stehenden Dornfortsätze, die beim dünnen Pferd als knochige Erhebungen erfühlt werden können, zu dicht zusammen. Ihr Kontakt kann Schmerz verursachen. Im allgemeinen reicht die lokale Umspritzung der schmerzhaften Dornfortsätze mit schmerzstillenden und entzündungshemmenden Medikamenten (z.B. Procain und Kortison) aus, um eine Wiedereinsetzbarkeit des Pferdes für lange Zeit zu gewährleisten. Die operative Entfernung knöcherner Zubildungen an den Dornfortsätzen ist nur bei schweren Fällen sinnvoll, in denen keine andere Therapie hilft.

Krankheiten des Atmungsapparates

Virusinfektionen
Pferdegrippe

Pferdegrippe ist eine akute Erkrankung des Atmungssystems. Das Virus dringt durch die Nase in den Körper und attackiert die Luftröhre und die Bronchienendungen. Es verursacht eine Schädigung, gelegentlich sogar das Absterben ausgedehnter Bereiche. Die Inkubationszeit ist kurz — sie beträgt drei bis vier Tage. Beim erwachsenen Pferd steigt die Temperatur stark an. Klarer Nasenausfluß und Husten lassen nach etwa einer Woche nach, falls eine Sekundärinfektion ausbleibt. Es dauert mindestens drei Wochen, bevor die geschädigte Schleimhaut wieder vollständig ausgeheilt ist.

Herzmuskel und Leberzellen können von dieser Virusinfektion ebenfalls betroffen werden. Junge Pferde können sehr krank werden, manchmal sogar sterben, wenn auch der Tod gewöhnlich die Folge einer Lungenentzündung ist, die als Sekundärinfektion durch Bakterien verursacht wurde.

Vollständige Stallruhe für mindestens sechs Wochen ist unbedingt nötig, damit das geschädigte Gewebe ausheilen kann. Wichtig ist dabei gute Durchlüftung. Es hat sich nämlich herausgestellt, daß grippekranke Pferde unter dem Stallstaub ganz besonders leiden. Behandlung mit schleimlösenden Medikamenten und Antibiotika können dazu beitragen, Folgewirkungen unter Kontrolle zu halten.

Herpesvirus

Dieses Virus (medizinisch: EHV 1) tritt in zwei Varianten auf. Beide verursachen Erkrankungen des Atmungssystems, Typ 1 kann außerdem zu Abort bei der Stute und generell beim erwachsenen Pferd zur Lähmung führen.

Infizierte Pferde entwickeln sehr hohes Fieber und klaren Nasenausfluß in geringer Menge. Dieser Ausfluß wird schleimig-eitrig (dick, graugelb und stinkend), wenn eine Sekundärinfektion hinzukommt. Die Leistungsfähigkeit des Pferdes wird stark beeinträchtigt, und es kann bis zu drei Monate dauern, bevor die ursprüngliche Fitneß wieder hergestellt ist.

Ein Heilmittel für diese Erkrankung gibt es nicht. Um sie unter Kontrolle zu halten, kann man nur ihre Ausbreitung verhindern; alle befalle-

Der Atmungsapparat des Pferdes

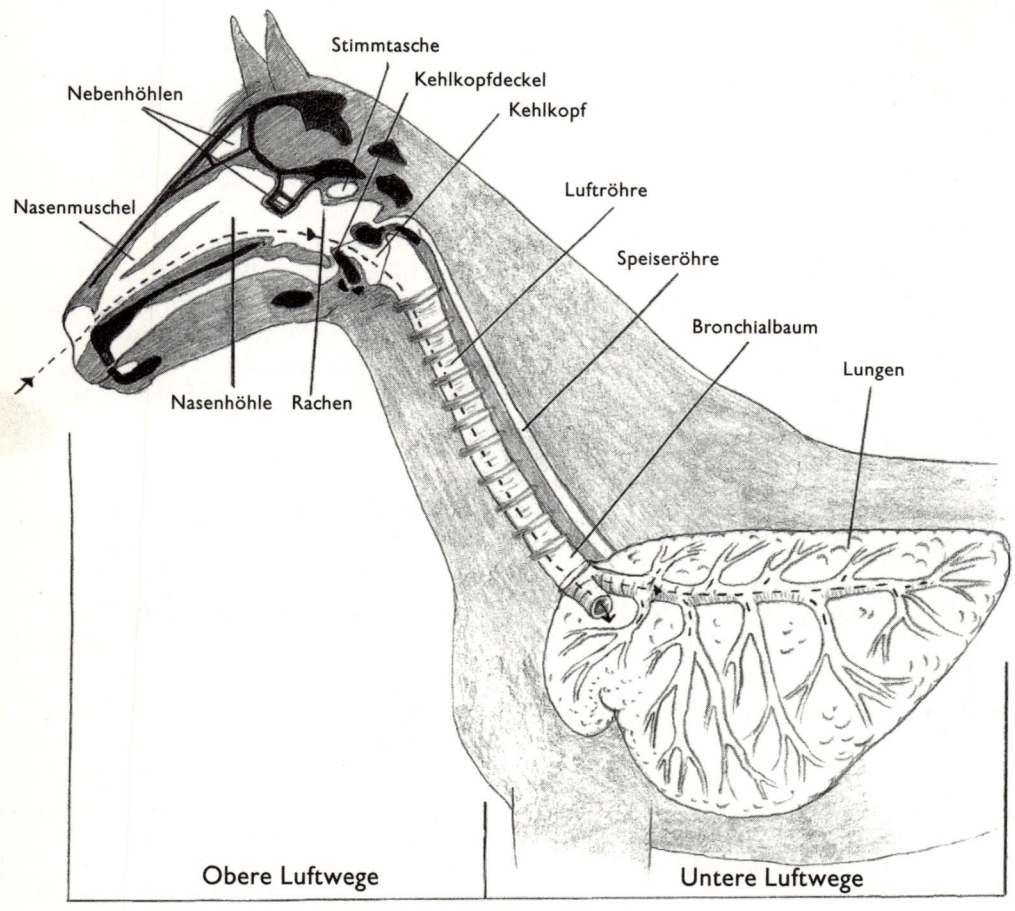

Stimmtasche

Kehlkopfdeckel

Nebenhöhlen

Kehlkopf

Luftröhre

Nasenmuschel

Speiseröhre

Bronchialbaum

Lungen

Nasenhöhle   Rachen

Obere Luftwege

Untere Luftwege

nen Tiere müssen sofort isoliert werden. Ist die Infektion einmal da, sind vollständige Stallruhe, gutes Futter und saubere Luft die beste Behandlung. Die Anwendung von Medikamenten, die den klebrig-klumpigen Schleim der Atemwege verflüssigen, kann die Erholung beschleunigen und ist in der Kombination mit Antibiotika dort angebracht, wo eine Sekundärinfektion vorhanden ist. Es gibt verschiedene Impfstoffe im Handel. Die Schutzwirkung ist allerdings nur von kurzer Dauer, und darum muß die Impfung alle drei Monate wiederholt werden. Typ 2 des Herpesvirus kann bei erwachsenen Pferden eine leichte Erkrankung hervorrufen, gelegentlich etwas Husten und Nasenausfluß. Junge Pferde können schwerer betroffen sein.

Infektiöse Erkrankung der oberen Luftwege

Das Rhinovirus, das diese Erkrankung verursacht, ähnelt dem, das für die Erkältung beim Menschen verantwortlich ist. Häufig werden zweijährige Pferde erstmals von diesem Virus befallen, etwa wenn sie zum Training in einem Rennstall zusammengebracht werden.

Symptome sind vorübergehend hohes Fieber, Nasenausfluß, entzündeter Hals und Husten. Die Erkrankung ist nur von kurzer Dauer und verschwindet meist innerhalb von einer Woche. Gute Betreuung und eine Behandlung mit Antibiotika sind notwendig, falls sich eine Sekundärinfektion entwickelt.

Adenovirus

Dieses Virus verursacht jene Entzündung des Atmungsapparates, die sich bei den meisten Saugfohlen entwickelt, und es kann zu einer mittelschweren Erkrankung führen. Erste Anzeichen sind hohes Fieber, häufig verbunden mit Durchfall und Nasenausfluß, der schnell schleimig-eitrig wird. Das Adenovirus ist ferner Auslöser einer tödlichen Lungenentzün-

dung bei Araberfohlen mit einer Immunschwäche. Die Behandlung ähnelt weitgehend jener, wie sie bei anderen Viruserkrankungen des Atmungsapparates üblich ist. Wärme, gute Betreuung und Behandlung mit Antibiotika sind nötig, um unausweichliche Sekundärinfektionen in den Griff zu bekommen. Viel Flüssigkeit muß eingeflößt werden, wenn der Durchfall anhält. In jüngster Zeit hat sich die unterstützende Behandlung mit Paraimmunitätsinducern (z. B. Baypamun®) als sinnvoll und hilfreich erwiesen. Ein sorgfältiges Impfprogramm ist jedoch die beste Medizin zur Verhinderung dieser Erkrankung.

Bakterielle Infektionen

Lungenentzündung

Beim erwachsenen Pferd tritt eine Lungenentzündung im allgemeinen als Zweiterkrankung auf. Ein gutes Beispiel ist die Lungenentzündung, die auf eine Druse oder Grippe folgt. Ein Erreger namens *Corynebacterium equi* kann Lungenentzündung als Erstkrankheit bei Fohlen verursachen. Dieses Bakterium ist im Schmutz zu finden; Erkrankungen treten dort eher auf, wo große Mengen verseuchten Staubs aufgewirbelt werden. Fohlen, die sich mit *Corynebacterium equi* angesteckt haben, verlieren allmählich ihre Kondition und entwickeln einen chronischen Husten. Die Gesamtentwicklung dieser Krankheit ist heimtückisch. Häufig erscheint das Fohlen noch bis kurz vor seinem Tod relativ gesund. Die

Sterblichkeitsrate ist hoch (60 bis 70 Prozent), und die Behandlung muß im frühen Stadium der Erkrankung beginnen.

Lungenentzündung beim erwachsenen Pferd ist gewöhnlich durch eine schnelle und schmerzhafte Atmung charakterisiert. Bald entwickelt sich Fieber, und der Appetit nimmt ab. Häufig erweckt das Pferd einen traurigen Eindruck, generell ist ein schmerzhafter Husten vorhanden. Ruhe in einem warmen, staubfreien und trockenen Stall ist ebenso angezeigt wie sofortige Behandlung mit Antibiotika in hohen Dosen. Bei Problemen mit der Atmung kann Sauerstoff nötig sein.

Bronchitis

Einer Bronchitis geht im allgemeinen eine Virusinfektion voraus. Gewöhnlich handelt es sich um eine bakterielle Infektion. Immer vorhanden ist ein hohl klingender, chronischer Husten. Die Leistungsfähigkeit ist reduziert, das Pferd ist kurzatmig. Häufig hilft eine lange Kur mit Antibiotika. Schleimlösende Medikamente unterstützen die Behandlung.

Stirnhöhlenkatarrh

Ein Katarrh der Stirn- oder Kieferhöhlen wird hervorgerufen durch eine Infektion. Es ist dies die übliche Komplikation nach einer Erkrankung des Atmungsapparates. Eiter bildet sich z. B. in der Stirnhöhle und tröpfelt häufig aus einer oder beiden Nüstern. Das Pferd erscheint matt und zeigt starken Kopfschmerz.

Leichtere Fälle scheinen auf Antibiotika zu reagieren. In schweren Fällen muß die Kopfhöhle chirurgisch eröffnet und versorgt werden, bevor eine Heilung möglich ist.

Druse

Die Druse wird durch Bakterien verursacht, die Pferde-Streptokokken genannt werden. Sie gelangt in einen Bestand, ohne daß irgendwelche Symptome auffallen. Die Bakterien breiten sich sehr schnell aus — entweder durch direkten Kontakt zwischen den Pferden oder durch verseuchte Futtermittel, Eimer und Putzzeug. Die Bakterien können in einem verseuchten Stall bis zu einem Jahr überleben. Bis zu hundert Prozent des vorhandenen Pferdebestandes können angesteckt werden, die Sterblichkeitsrate ist im allgemeinen jedoch sehr niedrig.

Die Bakterie dringt durch die Kehle ein und befällt schnell die Lymphgefäße des Kopfes, insbesondere jene, die zwischen den unteren Kieferknochen liegen. Es kommt zu einer wunden Kehle, und das Pferd hat Schwierigkeiten beim Schlucken.

Im Anfangsstadium ist das Fieber hoch. Das Pferd macht einen sehr kranken Eindruck, frißt und säuft nicht. Ein dicker, schleimig-eitriger Ausfluß sickert aus den Nüstern. Die Lymphknoten zwischen den Kieferknochen werden heiß und schmerzen, schwellen an und platzen gelegentlich, wobei reichlich übelriechender Eiter austritt. Sobald dies geschehen ist, geht die Schwellung schnell zurück, Schmerzen und Fieber verschwinden – das Pferd beginnt sich zu erholen.

Gute Pflege ist eigentlich alles, was die Druse an Behandlung erfordert. Das kranke Pferd sollte in einem warmen Stall stehen. Heiße, nasse Handtücher, die unter den Kiefer gepackt werden, können den Schmerz lindern und den Reifeprozeß des Abszesses fördern. Wenn er erst einmal geplatzt ist – nach etwa vier Tagen –, kann wiederholtes Baden mit heißem Wasser die Drainage des Abszesses und die Heilung unterstützen.

Druse-Bakterien reagieren auf die meisten Antibiotika, und so sollte die Behandlung mit einem Antibiotikum den krankhaften Zustand beheben; allzu oft verzögert jedoch die Anwendung eines Antibiotikums den erwünschten Durchbruch der Krankheit. Bei einer Abart der Druse setzen sich Abszesse in der Brust oder im Bauch fest. Diese Erkrankung zeigt sich hartnäckig gegen Behandlungsversuche. Penicillin ist die beste Wahl. Es wird in großen Dosen sieben Tage lang gegeben – nachdem der Abszeß aufgebrochen ist.

Um die Ausbreitung der Druse zu verhindern, ist sofortige Isolation vonnöten. Sie umfaßt auch die Absonderung der Ausrüstungsgegenstände, der Geräte, die zur Fütterung verwendet werden, einen eigenen Pfleger, der nach dem kranken Pferd sieht, und natürlich strenge Separation der Abwässer und der zugeführten Luft. Aber auch wenn diese Vorsichtsmaßnahmen genau eingehalten werden, ist es bei Stallhaltung schwer, die Ausbreitung der Druse zu verhindern.

Allergien
Dämpfigkeit

Man nimmt an, daß Dämpfigkeit durch die Inhalation von mikroskopisch kleinen Partikeln des Stallstaubes entsteht. Diese Teilchen reizen die Auskleidung der Atemwege und können eine allergische Reaktion der Lunge verursachen. Zwei Pilze werden als Erreger verdächtigt: *Aspergillus fumigatus* und *Micropolyspora faeni*. Pferde in schlecht durchlüfteten, stickigen Ställen neigen dazu, dieses Krankheitsbild zu entwickeln, aber auch solche, die sich von einer Virusattacke erholen, scheinen besonders empfänglich für diese Erkrankung zu sein. Immer ist ein chronischer Husten vorhanden, außer in sehr leichten Fällen.

Schwerere Fälle sind durch ständige Atemnot und starkes Keuchen charakterisiert. Das Ausatmen bereitet eine derartige Mühe, daß das Pferd bei dem Versuch grunzt, das letzte bißchen Luft auszustoßen. In schweren Fällen hat das Pferd die sogenannte Dampfrinne, die zwischen Brustwand und Bauch erscheint.

Auch solche Pferde, die nur geringgradig dämpfig sind, haben Atemprobleme. Der Umfang der möglichen Arbeit ist immer eingeschränkt, generell liegt die Leistungsfähigkeit unterhalb dessen, was vom Pferd zu erwarten wäre. Der Dampf nimmt ab, wenn das Pferd den Stall verläßt, er kehrt zurück, wenn es wieder in den Stall gebracht wird.

Betroffenen Pferden sollte jeder Kontakt mit Stallstaub erspart werden. Es empfiehlt sich darum voll-

Veränderungen in den Bronchien und
Lungenbläschen durch Dämpfigkeit

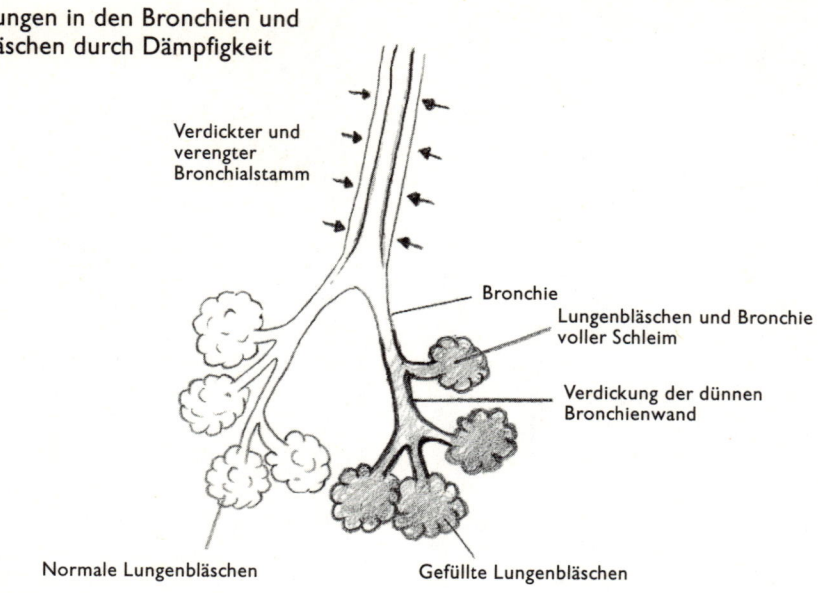

Verdickter und
verengter
Bronchialstamm

Bronchie

Lungenbläschen und Bronchie
voller Schleim

Verdickung der dünnen
Bronchienwand

Normale Lungenbläschen

Gefüllte Lungenbläschen

ständige Außenhaltung. Ist Boxenhaltung nicht zu vermeiden, sollten als Einstreu geschreddertes Papier oder grobe Späne verwendet werden. Die Einstreu darf nicht zu tief werden, sonst kann der Pilz auch in diesem Material so schnell wachsen wie in Stroh. Geben Sie ausschließlich Fertigfutter in konzentrierter Form (Pellets o. ä.) oder siliertes, in Plastik verschweißtes Heu oder Gras, um die im Heu enthaltenen Antigene zu minimieren. Tauchen Sie Heu für mindestens 24 Stunden in Wasser ein, bevor Sie es verfüttern. Achten Sie darauf, daß kein Staub vom Futter und von der Einstreu anderer Pferde das erkrankte Tier erreichen kann, indem Sie es isolieren.

Drei Heilmittelgruppen sind nützlich, um Dämpfigkeit unter Kontrolle zu halten: Zum ersten schleimlösende Medikamente; sie verringern die Zähflüssigkeit des in den Bronchienendungen erzeugten Schleimes, erleichtern dadurch den Auswurf und das Freimachen der Luftwege. Zum zweiten gibt es eine Gruppe von Medikamenten, die die verengten Bronchienendungen entspannt. Dadurch werden die Luftwege weiter, das Ein- und Ausatmen wird

Wenn es die Möglichkeit der Wahl hat, sucht sich das Pferd sein Futter sehr sorgfältig aus und meidet Giftpflanzen von selbst; angetrocknet im Heu allerdings werden viele davon mitgefressen und können Durchfälle und Lähmungserscheinungen auslösen (siehe nächste Seite: die häufigsten Giftpflanzen).

Die häufigsten Giftpflanzen:
1. Liguster
2. Goldregen
3. Schwarzes Bilsenkraut
4. Gelber Fingerhut
5. Großblütiger Fingerhut
6. Roter Fingerhut
7. Schwarze Tollkirsche
8. Eibe
9. Weiße Robinie (Falsche Akazie)
10. Schöllkraut
11. Buchsbaum
12. Gefleckter Schierling
13. Herbstzeitlose
14. Maiglöckchen
15. Frühlings-Adonisröschen

7

8

9

10

11

12

13

14

15

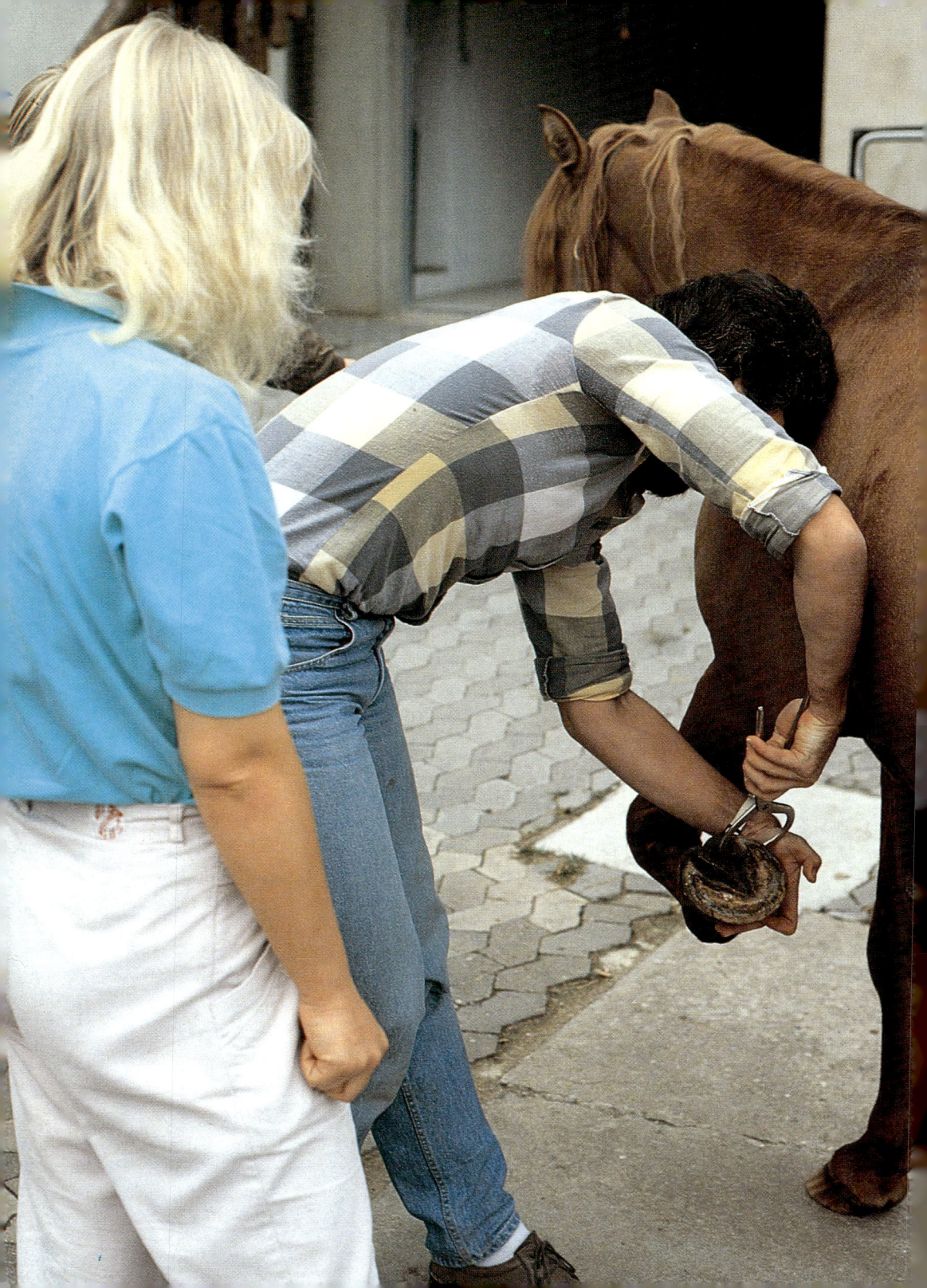

Links: Mit der Hufzange wird der Huf »abgedrückt«, das heißt, auf schmerzempfindliche Stellen (Entzündungsherde) hin untersucht.

Lebenszyklus des Lungenwurms

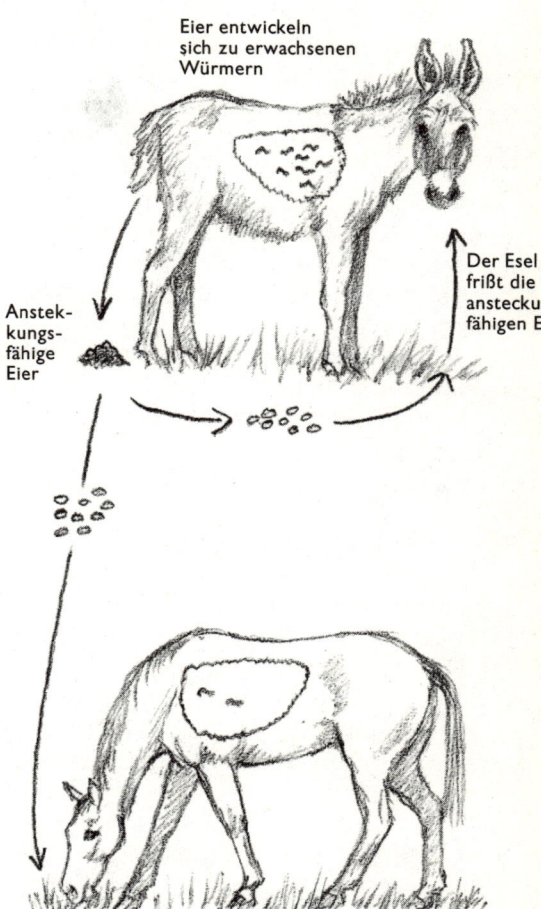

Eier entwickeln sich zu erwachsenen Würmern

Der Esel frißt die ansteckungsfähigen Eier.

Ansteckungsfähige Eier

Das Pferd frißt die ansteckungsfähigen Eier.

leichter. Die dritte Medikamentengruppe macht die befallenen Zellen weniger empfindlich; so rufen die Pilze keine Reaktion mehr hervor, die Lunge bleibt sauber und funktioniert wieder. Die letztere Medikamentengruppe hat außerdem den Vorteil von langer Wirkung, denn eine zweitägige Behandlung schützt das Pferd für bis zu zehn Tage.

Parasitäre Erkrankungen

Lungenwurmbefall

Der Lungenwurm (*Dictyocaulus arnfieldi*) pflanzt sich gewöhnlich in der Lunge von Eseln fort. In dieser Tierart verursacht er keinen Schaden. Der Esel gibt mit seinem Kot große Mengen der Lungenwurmeier ab und verseucht mit ihnen die Weide. Diese Eier werden von Pferden, die ebenfalls auf dieser Weide gehalten werden, gefressen und reifen in deren Darm heran. Von dort aus wandern sie in die Lunge, wo sie als unreife Würmer bleiben: Sie sind nicht in der Lage, ihren normalen Lebenszyklus zu vollenden — aber sie können chronischen trockenen Husten verursachen, der sowohl bei der Arbeit als auch in der Ruhe auftritt.

Falls Pferde in der Gesellschaft von Eseln grasen oder auf Weiden gehalten werden, die von Eseln abgefres-

Hier endet der Lebenszyklus, da nur sehr wenige Eier sich zu erwachsenen Würmern entwickeln können, die wiederum in der Lage sind, ansteckungsfähige Eier zu legen.

sen worden sind, sollte bei chronischem Husten Lungenwurmbefall vermutet werden.

Zu den Symptomen gehört u. a. ein chronischer Reizhusten, der sich kaum verändert. Nasenausfluß ist nicht zu beobachten, die Auswirkung auf Appetit oder Kondition ist nur gering. Alle Esel sollten regelmäßig mit einem Mittel entwurmt werden, das den Lungenwurm effektiv bekämpft. Dasselbe gilt für jedes Pferd mit Husten, das auf der Weide gehalten wird.

Wirkungsvolle Wurmmittel sind Ivomec®, Banminth® oder Rintal® bzw. Panacur® in hohen Dosen.

Spulwurmbefall

Die Larven des Wurms mit dem lateinischen Namen *Parascaris equorum* passieren die Lungen während ihrer Wanderung durch das junge Pferd. Die von ihnen ausgelöste Erkrankung ist selten ernsthaft, aber sie kann den Weg für eine Ansteckung durch gefährlichere Erreger bereiten.

Defekte der Atemwege

Kehlkopfpfeifen
(Stimmbandlähmung)

Das Kehlkopfpfeifen ist eine Störung, bei der das linke Stimmband gelähmt wird. Beim gesunden Pferd ziehen die Muskeln den Kehlkopfknorpel beim Einatmen zusammen, so daß die Stimmbänder nach außen und oben gezogen werden und so die Kehlkopföffnung vergrößern. Je heftiger das Pferd atmet, desto grö-

Der normale und der abnormale Kehlkopf

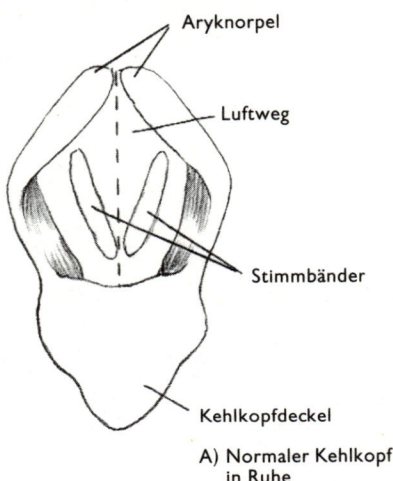

A) Normaler Kehlkopf in Ruhe

Aryknorpel
Luftweg
Stimmbänder
Kehlkopfdeckel

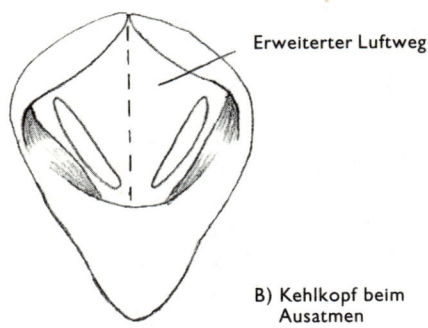

B) Kehlkopf beim Ausatmen

Erweiterter Luftweg

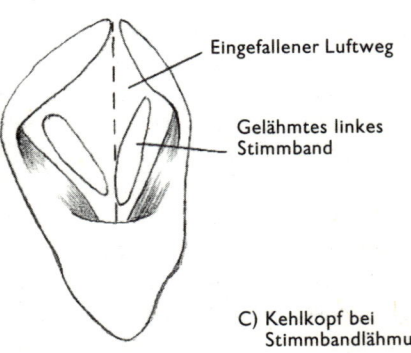

C) Kehlkopf bei Stimmbandlähmung

Eingefallener Luftweg
Gelähmtes linkes Stimmband

ßer die Öffnung. Bei Pferden, die an Stimmbandlähmung leiden, kann durch die Lähme des entsprechenden Nervs auf das linke Stimmband und den Aryknorpel keine Zugwirkung mehr ausgeübt werden, und so wird die Kehlkopföffnung asymmetrisch. Dies erzeugt in der einströmenden Luft Turbulenzen, die wiederum die Stimmbänder vibrieren lassen. Die vibrierenden Stimmbänder verursachen jenen pfeifenden oder röhrenden Ton, der charakteristisch für diesen Schaden ist.

Der Grund für die Stimmbandlähmung ist unbekannt. Eine mögliche Ursache könnte ein Schaden des Nervs sein, der den linken Kehlkopfmuskel kontrolliert. Das röhrende oder pfeifende Geräusch tritt auf, wenn das Pferd einatmet. Es nimmt bei stärkerer Anstrengung zu. Die Stimmbandlähmung ist häufiger bei großen Pferden – Vollblütern und Warmblütern – als bei kleineren Warmblütern und Ponys.

Behandeln kann man diese Störung nur durch eine Operation. Bei der Operation nach Hobday wird der Kehlkopf eröffnet, und Teile des Kehlkopfes, die hinter dem Stimmband liegen (Schleimhaut der Stimmtasche), werden entfernt. Das narbige Gewebe, das sich beim Heilungsprozeß bildet, soll die Stimmbänder zurückziehen und die Kehlkopföffnung vergrößern.

Eine andere Operation (Laryngoplastik) fixiert den Kehlkopf in einer Position der Daueröffnung durch den Zug des gelähmten Stimmbandes. Die für diese Operationen notwendige chirurgische Präzision führt

zu unterschiedlichen Resultaten. Ist die Kehlkopföffnung jedoch ausreichend vergrößert, kann die Luft frei fließen.

Über den Erfolg einer Operation ist schwer zu urteilen. Nur bei wenigen Pferden ist überhaupt kein Geräusch mehr zu hören; die Leistungsfähigkeit nimmt bei einigen Pferden jedoch zu. Eine Operation ist immer dann angesagt, wenn das Pferd bei der von ihm geforderten Arbeit in Atemnot gerät.

Polypen in der Nase

Es handelt sich dabei um weiche, gestielte Geschwülste auf der Oberfläche der Nasenhöhlen. Die betroffenen Bereiche werden geschädigt und auch zerstört. Sie beginnen zu stinken und verursachen einen übelriechenden Atem.

Verlagerung des weichen Gaumens

Wenn das Pferd schluckt, schützen der weiche Gaumen und die Rachenwände den Eingang zum Kehlkopf und verhindern so, daß Futter oder Flüssigkeit den falschen Weg nehmen.

Wenn das Pferd »seine Zunge verschluckt«, dann steckt der Kehlkopf unter der Schleimhautfalte des weichen Gaumens. Jeder Versuch einzuatmen zieht die Falte über die Kehlkopföffnung, und das Pferd würgt sofort. Das Ausatmen verschafft aber keine Abhilfe, denn die Falten vibrieren nur im Rachen und verursachen das typisch gurgelnde Geräusch

(»Schnarchen«). Wiederholtes Schlukken kann den Kehlkopf wieder in seine richtige Lage und alles in Ordnung bringen.

Zu den Symptomen gehört ein würgendes, gurgelndes Geräusch bei hohem Tempo; fast immer stoppt das Pferd abrupt und versucht, mit der Störung fertig zu werden.

Die Verwendung eines Zungenriemens, der verhindern soll, daß der Kehlkopfdeckel in einer Falte des weichen Gaumens festgehalten wird, kann in manchen Fällen Abhilfe schaffen. Als chirurgische Maßnahme können die Muskeln durchtrennt werden, die für eine Verlagerung des Kehlkopfes verantwortlich sind. Auch kann man Teile der Falte des weichen Gaumens entfernen, um das Risiko des Festhakens zu vermindern.

Nasenbluten

Die überwiegende Mehrheit der Nasenbluter blutet in Wirklichkeit aus der Lunge. Die hintere Lungenspitze ist in aller Regel der Bereich, aus der die Blutung kommt.

Verletzungen am Nasenrücken können ebenfalls zum Blutaustritt führen. Polypen und Tumore in der Nase — besonders ein sehr gefäßreicher Tumor, der Siebbein-Hämatom genannt wird — fangen an zu bluten, wenn sie größer werden. Eine kalte Nasen-Kompresse kann gelegentlich die aus dieser Gegend rührende Blutung stoppen. Eine Lungenblutung ist dagegen kaum zu verhindern. Die sorgfältige Untersuchung auf etwaige Lungenschäden wie Dämpfigkeit kann nützlich sein.

Erkrankungen des Kreislaufs

Blutarmut

Blutarmut oder Anämie kann definiert werden als Mangel an rotem Blutfarbstoff im Blut. Ihre Ursache ist eine Verminderung der roten Blutkörperchen oder eine Verminderung des roten Blutfarbstoffes (Hämoglobin) in diesen Zellen. Blutarmut ist niemals eine Primärerkrankung, sondern immer Teil einer weitreichenden Störung.

Wegen der niedrigen Hämoglobin-Konzentration kann das Blut nicht

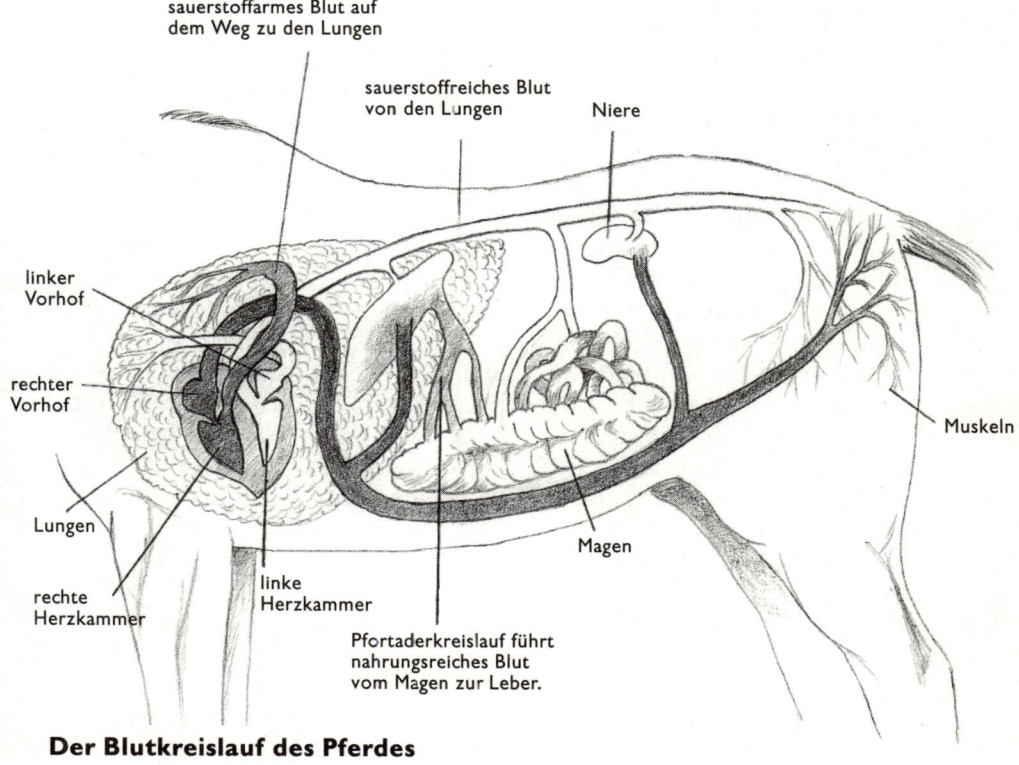

Der Blutkreislauf des Pferdes

die normale Sauerstoffmenge befördern, und im Gewebe kommt es zu Sauerstoffmangel. Sauerstoff ist nötig, um Energie zu produzieren. Ein Pferd, das an Blutarmut leidet, ist darum kaum leistungsfähig. Der Herzmuskel, der viel Sauerstoff benötigt, arbeitet nicht wirkungsvoll und ermüdet leicht; es entwickelt sich ein Herzrauschen. Der Appetit läßt nach, das Haar wird stumpf und leblos. Ist die Krankheit weit fortgeschritten, erscheinen die Schleimhäute fahl. Hat das Pferd einen akuten Blutverlust nach einer Schnittverletzung oder einer Operation erlitten, kann sich eine Anämie entwickeln. In solchen Fällen wird das Knochenmark angeregt, mehr rote Blutkörperchen zu produzieren. Deren Anzahl hat nach etwa drei Wochen wieder die normale Höhe erreicht.

Chronischer Blutverlust kann allerdings der Fähigkeit des Pferdes, neue Blutkörperchen und den roten Blutfarbstoff zu produzieren, ein Ende setzen. Diese Form der Anämie ist typisch für Pferde mit starkem Wurmbefall. Der Blutwurm ist ein Blutsauger. Tritt er in großen Mengen auf, kann er sehr schnell eine schwere Anämie verursachen, bei der die Eisenreserven des Körpers erschöpft werden. Eisen ist ein wesentlicher Bestandteil des roten Blutfarbstoffes, und wo kein Eisen ist, da fehlt es auch an Hämoglobin. Resultat ist eine schwere, durch Eisenmangel gekennzeichnete Blutarmut, die langwieriger Behandlung bedarf. Läuse und Zecken saugen ebenfalls Blut, und in großer Zahl können auch sie diese Art Anämie hervorrufen.

Durch Fütterungsfehler verursachte Blutarmut ist unüblich. Die Menge an Eisen und Vitaminen im normalen Futter reicht in aller Regel aus, und darum ist eine Blutarmut aus Mangel an diesen Substanzen sehr selten.

Ein anstrengendes Trainingsprogramm kann eine zeitweilige Blutarmut verursachen; die Extramenge an Blut und Gewebe, die bei harter Arbeit aufgestaut wird, kann das verfügbare Reservoir an Eisen und Vitamin B_{12} aufbrauchen. Deshalb sind diese Substanzen dem Futter hinzuzufügen. Folsäure, ein weiteres Vitamin, spielt eine wesentliche Rolle bei der Produktion der roten wie der weißen Blutkörperchen. Folsäure ist reichlich vorhanden in frischem Gras, verschwindet jedoch bald, wenn aus Gras Heu gemacht wird. Pferden, die lange Zeit im Stall verbringen und mit Pellets und Heu ernährt werden, kann dieses Vitamin fehlen. Die daraus resultierende Anämie kann durch Zugabe von Folsäure zum Futter geheilt werden, ebenso durch das Füttern von Alfalfa oder Silage. Beide sind reichliche Quellen dieses Vitamins. Die eigentliche Ursache der Anämie muß herausgefunden und behoben werden. Sobald das geschehen ist, können ein ausgewogenes Ergänzungsfutter und generell Futter guter Qualität für baldige Gesundung sorgen.

Herzklappenfehler

Wie jede Pumpe ist auch das Herz mit Ventilen, den Herzklappen, ausgerüstet. Ihre Funktion ist es, den

Blutfluß zu leiten. Ein durch Krankheit erworbener oder angeborener Defekt kann gelegentlich dazu führen, daß die Klappen nicht einwandfrei schließen. Geschieht dies, dann ist der gleichmäßige Strom des Blutes gestört, es tritt eine Turbulenz auf. Sie ist zu hören als z. B. blasendes Geräusch zwischen den normalen Herzschlägen. Durch genaues Hinhören und Feststellen, in welcher Phase der Herztätigkeit es auftritt, kann man ermitteln, welche Klappe fehlerhaft arbeitet.

Die Symptome hängen davon ab, welche Klappe betroffen ist. Übliche Erscheinung ist die allmählich nachlassende Arbeitsleistung, die vom Pferd verlangt werden kann. Ein Husten kann sich gemeinsam mit einem Ödem (Flüssigkeitsansammlung) in den benachbarten Regionen entwickeln. Für diese Erkrankung gibt es keine Abhilfe.

Herz-Rhythmusstörungen

Der Herzrhythmus wird kontrolliert durch eine Gruppe spezieller Nervenknoten, die man Schrittmacher nennt. Sie initiieren und kontrollieren die Erregungswellen im Herzmuskel so, daß erst der Vorhof und dann die Kammern kontrahieren.

Beim Pferd in Ruhe kommt es immer wieder vor, daß gelegentlich ein Herzschlag ausbleibt. Der Schrittmacher hat »vergessen«, ein Signal auszusenden. Bewegt sich das Pferd, dann »konzentriert« sich der Schrittmacher auf seine Aufgabe, und der Rhythmus wird normal. Dies ist ein übliches Vorkommnis und scheint

Schnitt durch das Herz

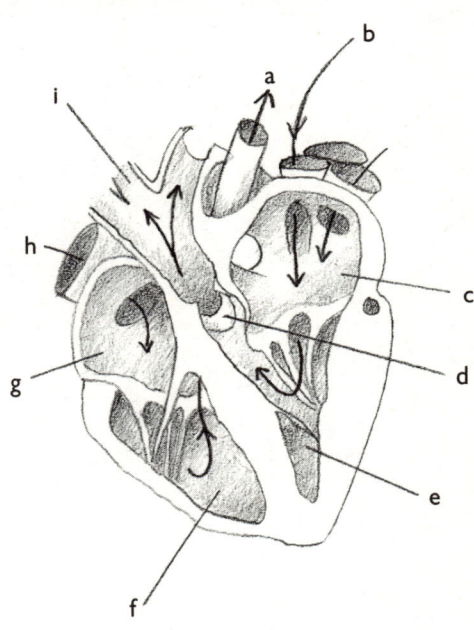

a) Sauerstoffarmes Blut wird durch eine pulmonale Arterie den Lungen zugeführt.
b) Sauerstoffreiches Blut gelangt durch pulmonale Venen von den Lungen ins Herz.
c) linker Vorhof
d) Aortaklappe
e) linke Herzkammer
f) rechte Herzkammer
g) rechter Vorhof
h) Große Körpervene, die sauerstoffarmes Blut zum Herz führt
i) Die Aorta führt Blut zum Körper

die Leistungsfähigkeit des Pferdes nicht zu beeinflussen. Manchmal gibt der Schrittmacher einen ständigen Strom von Impulsen an den Vorhof ab. Der reagiert darauf durch Flimmern: Der Vorhof zieht sich immer wieder und unvollständig zusammen. Dieses Vorhofflimmern hat eine schwerwiegende Auswirkung auf die Leistungsfähigkeit.

Der Vorhof zieht sich nicht vollständig zusammen und pumpt nicht genügend Blut in die Herzkammern. Die wiederum arbeiten schnell und unregelmäßig und befördern nur wenig Blut. Sehr häufig sind dabei krankhafte Veränderungen der Herzklappen oder des Herzmuskels festzustellen. Das Pferd kann nicht mehr arbeiten, verliert Appetit und Kondition.

Das Medikament Chininsulfat, oral oder über einen intravenösen Tropf verabreicht, kann in manchen Fällen das Vorhofflimmern hemmen und dem Herzen wieder zu seiner normalen Funktion verhelfen.

Krankheiten des Lymphapparates

Schwellung der Gliedmaßen
(»Dicke Beine«)

Zu geschwollenen Gliedmaßen kommt es häufig, wenn das Pferd angeritten wird. Am Morgen sind die Beine unten mit Flüssigkeit gefüllt, verdickt, und die normalen Konturen sind verschwunden. Dies betrifft eher die Hinter- als die Vordergliedmaßen.

In Ruhe sinkt beim Pferd die Herzfrequenz auf ein sehr niedriges Niveau. Die Arbeitsleistung des Herzens nimmt ab, und es pumpt das Blut nicht mehr so gut aus den Gliedmaßenenden. Die Lymphe wird aus den Extremitäten des Pferdes durch eine Kombination von Druck und massierendem Effekt der benachbarten Muskeln bewegt. Wegen der Länge des Pferdebeins und weil unten an den Beinen keine Muskeln zu finden sind, kann die Lymphe sich nicht so leicht an den Gliedmaßen nach oben bewegen. In Ruhe sammelt sich darum unter der Haut Flüssigkeit an. In Bewegung wird die Flüssigkeit sofort abtransportiert.

In ernsten Fällen können harntreibende Mittel, Diuretika, gegeben werden. Verbessert sich die Kondition des Pferdes, geht die Schwellung zurück. In einer größeren Box, wird es auch in der Nacht veranlaßt, sich mehr zu bewegen. Diese Aktivität sollte hinreichen, die Ansammlung von Flüssigkeit zu verhindern.

Lymphgefäßentzündung

Die Lymphgefäßentzündung wird oft mit der zuvor beschriebenen Gliedmaßenschwellung verwechselt, ist aber ernsthafterer Natur. Sie betrifft die Hinterbeine und tritt auf, wenn sich eine offene Wunde entzündet oder als Komplikation bei z.B. einem Streptokokkenbefall.

Die Infektion breitet sich schnell über die Lymphgefäße aus und verursacht eine heiße, schmerzhafte Schwellung, von der das ganze Bein betroffen sein kann. Im einzelnen sind die Lymphknoten und -gefäße geschwollen, Flüssigkeit sickert aus der Haut. Das Pferd ist deutlich krank und hat hohes Fieber.

Sofort verabreichte Antibiotika in hohen Dosen sind nötig, um der Infektion Herr zu werden. Phenylbutazon und Diuretika zur Bekämpfung der Entzündung und der Schwellung sollten ebenfalls gegeben werden. Unzureichend behandelte Fälle werden leicht chronisch. Zurück bleibt ein verdicktes, vernarbtes Bein.

Erkrankungen des Verdauungsapparates

Schlundverstopfung

Schlundverstopfung resultiert meist aus hastigem Fressen. Getrocknete Zuckerrübenschnitzel, Fallobst und Brot sind am häufigsten beteiligt. Tumore der Speiseröhre können ebenfalls zu wiederholten Verstopfungen führen. Meist macht das Pferd einen sehr gequälten Eindruck. Speichel rinnt aus Nüstern und Maul, während das Pferd würgt, um die Verstopfung zu entfernen. Kopf und Hals sind aufgewölbt.

Die Verkrampfung der Speiseröhre sollte durch krampflösende Medikamente behoben werden. Beruhigungsmittel dienen dazu, die Aufregung des Pferdes zu mindern. Die meisten Verstopfungen verschwinden von selbst innerhalb weniger Stunden. In hartnäckigen Fällen muß die Verstopfung operativ entfernt werden. Meist läßt sie sich jedoch durch eine vorsichtige Druckspülung der Speiseröhre mit der Nasenschlundsonde aufheben.

Kolik

Eine Kolik stellt immer einen Notfall dar. Die meisten Fälle werden erfolgreich mit Medikamenten behandelt, einige ernsthafte Koliken bedürfen chirurgischer Eingriffe innerhalb von acht Stunden. Das Wort Kolik bedeutet Bauchschmerz. Der Schmerz kann verursacht werden durch eine Aufgasung des Magens, Überfressen oder Verstopfung.

Die *Krampfkolik* ist der häufigste Krankheitstyp. Sie zeichnet sich durch sanften Verlauf und kurze Dauer aus. Wandernde Wurmlarven schädigen die kleinen Blutgefäße, die den Darm versorgen. Die normalen rhythmischen Kontraktionen des Darms sind gestört. Gase bilden sich, und Eingeweideinhalte blähen sich auf und dehnen die Darmwände. Dies erzeugt Schmerz.

Eine Krampfkolik tritt häufiger bei jungen Pferden auf. Anfälle akuten Schmerzes wechseln ab mit schmerzfreien Perioden. Darmgeräusche sind immer vorhanden. Während der Schmerzattacken steigt der Puls bis auf siebzig Schläge pro Minute an, das Pferd sieht sich nach seinen Flanken um. Schweiß, Ruhelosigkeit und ein verkrampfter Bauch sind übliche Symptome. Häufig wälzt sich das Pferd; im Gegensatz zur landläufigen Meinung ist das nicht weiter schädlich, solange es sich dabei nicht an der Boxenwand oder -tür verletzt.

Die Eingeweide von der linken Seite aus gesehen

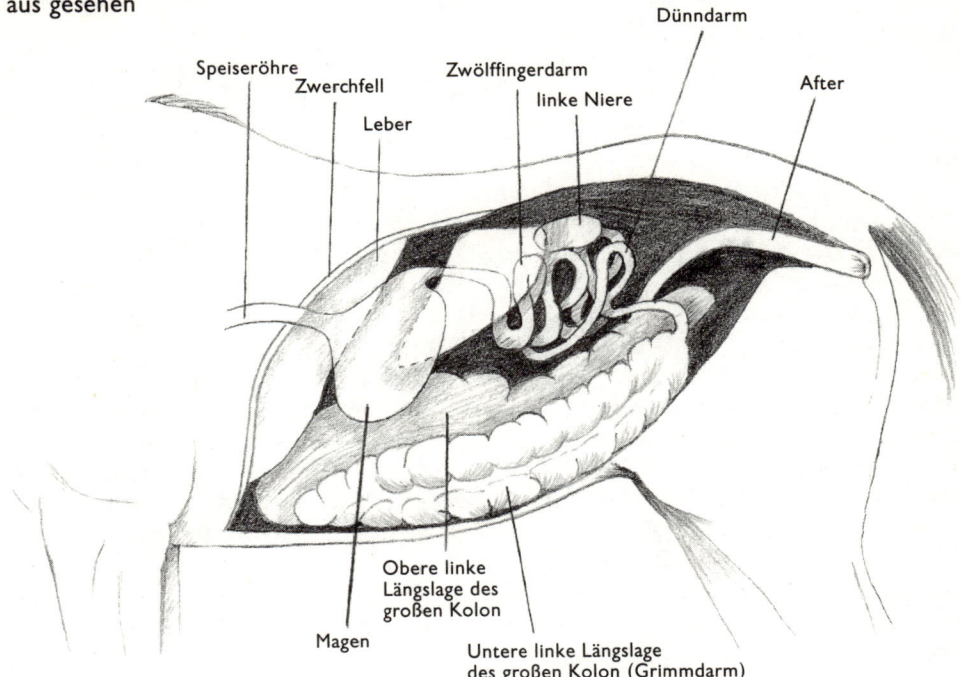

Speiseröhre · Zwerchfell · Leber · Zwölffingerdarm · Dünndarm · linke Niere · After · Obere linke Längslage des großen Kolon · Magen · Untere linke Längslage des großen Kolon (Grimmdarm)

Die Krampfkolik verschwindet gewöhnlich von selbst innerhalb weniger Stunden. Üblicherweise werden symptomlindernde Medikamente mit krampflösender und beruhigender Wirkung verabreicht.

Von *Windkolik* spricht man, wenn Futterbestandteile im Magen oder Dickdarm gären. Diese Störung tritt meist bei Pferden auf, denen große Mengen an rohfaserarmem, eiweißreichem Gras oder grobem Mischfutter gegeben werden. Reichlich grünes Gras im Frühling kann denselben Effekt haben. Vorhanden ist ein akuter, ununterbrochener Schmerz, hinzu kommen Schwitzen, hohe Pulsfrequenz und ein verkrampfter Bauch.

Der Darm wird geweitet durch Gas, das Blähungen verursachen kann. Es müssen Medikamente gegeben werden, um den starken Schmerz zu lindern. Nützlich sind krampflösende Mittel. Orale Verabreichung von Antibiotika und Pflanzenöl reduziert den Gärungsprozeß. Die Gärung im Magen kann erleichtert werden durch eine Magensonde: Durch sie können Gas und Flüssigkeit abfließen, die Anspannung löst sich.

Die *Darmverstopfung* ist die potentiell gefährlichste Form einer Kolik. Die Verstopfung kann im Magen auftreten, wenn sie aus Überfressen resultiert, besonders wenn trockenes Futter wie Kuchen oder, noch schlimmer, nicht eingeweichte Rübenschnitzel gegeben wurden. Sie kann auch im Dünndarm auftreten. Eine mechanische Verstopfung kann durch die Entwicklung von Tumoren, durch eine Verdrehung oder Verschlingung oder infolge eines abgeschnürten Bruches entstehen. Futter, das sich an der Verbindung von Dünn- und Dickdarm zusammenballt, ist eine häufige Ursache.

Die gängigsten Typen einer Darmverstopfung treten im Dickdarm auf. Mechanische Ursache ist meist eine Magenverdrehung; sie kommt jedoch selten vor. Recht häufig ist eine Futteranschoppung im Dickdarm, meist an der Beckenflexur. Grund dafür ist plötzlicher Futterwechsel, zum Beispiel von Gras auf Heu oder Stroh. Das Füttern von großen Mengen schlechtem Rauhfutter kann ebenfalls Anschoppungen verursachen.

Eine Verstopfung im Magen und mechanische Verstopfung des Dünn- und Dickdarms verursachen akuten Schmerz. Schocksymptome treten auf, weil Gifte freigesetzt werden. Der Herzschlag ist stark erhöht und bleibt trotz Behandlung hoch, die Schleimhäute bekommen eine schmutzig-rote Färbung, und im Anfangsstadium kann die Temperatur steigen.

Die Anschoppung von Futter im Magen ist von Natur aus die heimtückischere Form der Kolik. Wenn sie sich aufbaut, frißt das Pferd nicht mehr; der Kot ist trocken und wird nur noch in kleinen Mengen abgesetzt. Ein leichter Schmerz ist vorhanden. Das Pferd liegt viel und blickt sich häufig nach seinen Flanken um. Eine durch den After vorgenommene (rektale) Untersuchung zeigt, daß eine Menge trockener, harter Kot an der Beckenflexur vorhanden ist.

Die Darmverstopfung ist ein Notfall, und meist ist ein chirurgischer Eingriff nötig, um sie zu beheben. Die Entscheidung für einen solchen Eingriff ist schnell zu treffen, da die Veränderungen in den verstopften Bereichen unwiderruflich sind. Die aus einer Anschoppung resultierende Kolik spricht auf flüssiges Paraffin und eine Salzlösung an, die durch eine Magensonde verabreicht werden. Diese weichen die Anschoppung auf und machen es möglich, daß sie den Darmtrakt passiert. Mit der Hand kann durch den After versucht werden, die Verstopfung aufzubrechen. Eine mehrtägige Behandlung kann nötig sein, bevor die Anschoppung vollständig behoben ist. Ein chirurgischer Eingriff kann in hartnäckigen Fällen unumgänglich werden.

Akuter Durchfall
Salmonellosen

Von Salmonellen verursachter Durchfall ist im Normalfall zu beobachten bei überanstrengten Pferden; häufig tritt er auf nach einer Operation oder einer langen Reise. Die Bakterien können im Darm scheinbar gesunder Pferde leben. Sie werden mit dem Kot ausgeschieden. Andere Pferde können sich durch die Aufnahme verseuchter Nahrung oder Einstreu anstecken.

Akuter Durchfall ist das erste Krankheitsanzeichen. Es entwickelt sich Fieber (40 bis 41 °C), Herz- und Atemfrequenz sind stark erhöht. Schreitet die Erkrankung fort, wird das Pferd schwach und macht einen sehr niedergeschlagenen Eindruck. Außerdem kann sich eine Blutvergiftung entwickeln. Sie kann gemeinsam mit zunehmender Austrocknung und Kreislaufkollaps zum Tode führen. Sofort intravenös verabreichte Infusionslösungen sind wichtig, um der Austrocknung entgegenzuwirken. Der Nutzen einer Behandlung mit Antibiotika ist fraglich, da sie den Keimträgerstatus unterstützen kann. Entzündungshemmende Medikamente wie Phenylbutazon oder Flunixin helfen, die Körpertemperatur zu senken und einen vorhandenen Schock zu minimieren.

Darmentzündung (Colitis X)

Der durch eine Darmentzündung namens Colitis X verursachte Durchfall ist eine akute, generell tödlich verlaufende, mit Streß verbundene Krankheit. Diese Darmentzündung, auch »Schockdarm« genannt, folgt häufig auf längere Behandlung mit Breitband-Antibiotika. Der plötzliche Anfall ist gekennzeichnet durch akute Niedergeschlagenheit des Pferdes und entfärbte Schleimhäute. Zu Beginn sind Puls und Körpertemperatur hoch; bildet sich ein Schock aus, dann fällt die Temperatur auf weniger als die normale Höhe ab. Übermäßiger Durchfall ist regelmäßig bei solchen Pferden zu beobachten, die die ersten Stunden überleben. Eine Behandlung bringt meist keinen Erfolg. Den Schock kann man mit Elektrolyten und Kortikosteroiden in hohen Dosen bekämpfen.

Chronischer Durchfall

Parasitenbefall

Von Eingeweidewürmern wird später noch im Detail die Rede sein. Sie müssen jedoch auch an dieser Stelle erwähnt werden, da sie ein häufiger Grund für Durchfall sind.

Von Würmern verursachter, parasitärer Durchfall ist in der Hauptsache beim jungen Pferd zu beobachten. Er tritt zu Ende des Winters oder zu Beginn des Frühlings bei solchen Pferden auf, die unter starkem Wurmbefall leiden. Es kann sich um akuten oder chronischen Durchfall handeln, der immer mit plötzlichem Gewichtsverlust verbunden ist. Eine Schwellung am unteren Ende der Gliedmaßen deutet auf ernsthaftere Fälle hin. Im allgemeinen wird diese Erkrankung durch ein falsches Entwurmungsprogramm verursacht. Für eine wirkungsvolle Entwurmung muß sofort gesorgt werden.

Neubildungen (Tumore)

Tumore des Magens und der Därme sind beim älteren Pferd anzutreffen. Sie können zu chronischem Durchfall und Gewichtsverlust führen. Der Tumor kann manchmal bei einer Untersuchung durch den After erfühlt werden. Eine operative Entfernung ist die einzige Behandlungsmöglichkeit.

Ungenügende Futterverwertung
(Malabsorptionssyndrom)

Das Malabsorptionssyndrom wird charakterisiert durch eine chronische Entzündung des Dünndarms. Die Darmwände verdicken sich und können wichtige Futterbestandteile nicht mehr resorbieren. Chronischer Durchfall geht einher mit allmählichem Gewichtsverlust bei normalem Appetit. Es gibt keine erfolgreiche Behandlung.

Parasitäre Erkrankungen
Magenbremsen

Die Larven der Magenbremse *(Gasterophilus intestinalis)*, auch Magendasselfliege genannt, befallen in ihrem zweiten und dritten Larvenstadium die Magenschleimhaut. Die erwachsene Magenbremse legt während des Sommers und zu Anfang des Herbstes gelb-orangefarbene Eier an den Beinen und dem Unterbauch der Pferde ab. Wenn die Pferde sich lecken oder geputzt werden, werden die Eier angeregt, und innerhalb einer Woche schlüpfen die Larven. Sie dringen vom Maul aus durch das Gewebe in den Magen. Hier parasitieren sie zehn Monate, bevor sie über den Kot ausgeschieden werden und sich zu erwachsenen Fliegen entwickeln.

Die erwachsene Magenbremse kann dem Pferd sehr lästig werden und ist indirekte Ursache für manchen Unfall. Über die Bedeutung der Larven für das Pferd wird noch diskutiert – wahrscheinlich schaden sie dem gesunden erwachsenen Pferd nur wenig.

Regelmäßiges Entfernen der Magenbremseneier bei der Pferdepflege vermindert die Zahl der Eier, die das Pferd aufnimmt.

Nur Ivomec® oder auf organischen Phosphorverbindungen basierende Wurmmittel bekämpfen die Larven der Magenbremse effektiv. Sie sollten im Winter verabreicht werden, wenn alle erwachsenen Magenbremsen vom Frost getötet worden sind.

Blut- oder Palisadenwürmer
(Strongyliden)

Bei den Strongyliden handelt es sich um eine große Familie von Würmern; sie umfaßt die wichtigen Eingeweideparasiten, von denen das Pferd betroffen ist. Man kann diese Familie in zwei Gruppen unterteilen: in die kleinen und die großen Strongyliden.

Die großen Strongyliden bestehen aus drei Typen, von denen der Blutwurm der häufigste und gefährlichste ist. Das zweite Familienmitglied, der *Strongylus edentatus*, tritt viel seltener auf; sein einfacher Lebenszyklus schädigt das Pferd auch nur wenig. Das Familienmitglied Nr. 3, der *Strongylus equinus*, wird in unseren Breiten nur selten beim Pferd angetroffen.

Der Blutwurm hat einen Lebenszyklus von sieben Monaten. Der Kreislauf beginnt im Dickdarm des Pferdes, in den der weibliche Wurm Eier ablegt, die dann auf die Weide gelangen. Die Larven schlüpfen und werden innerhalb von ein bis zwei Wo-

Der Lebenszyklus des Blutwurms

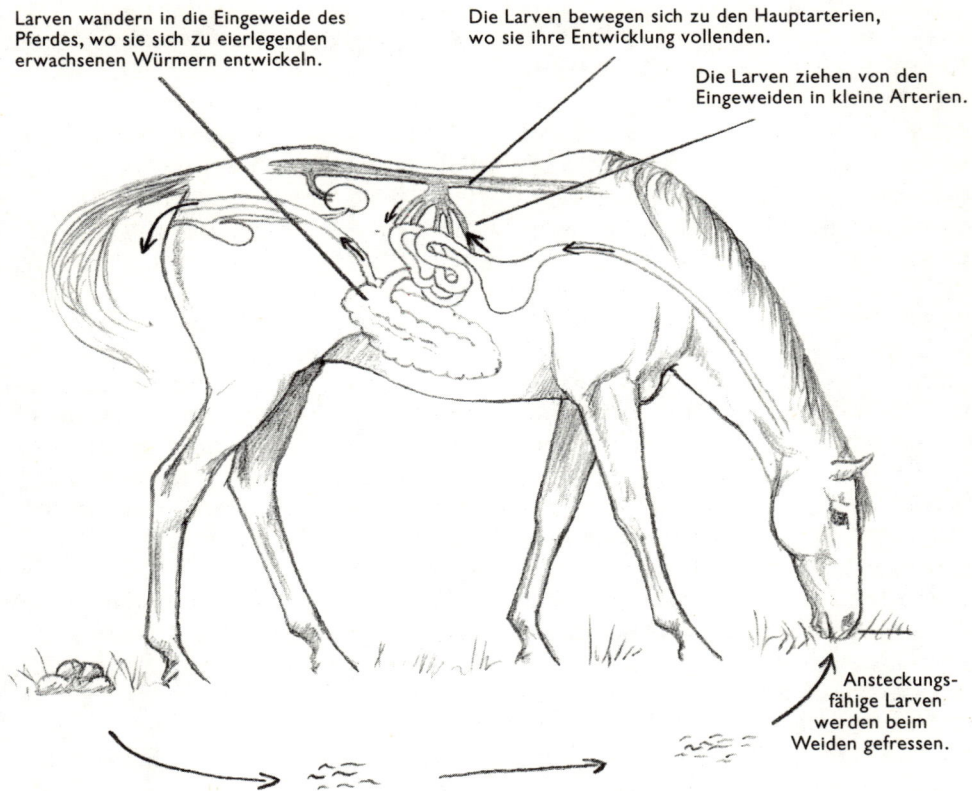

Larven wandern in die Eingeweide des Pferdes, wo sie sich zu eierlegenden erwachsenen Würmern entwickeln.

Die Larven bewegen sich zu den Hauptarterien, wo sie ihre Entwicklung vollenden.

Die Larven ziehen von den Eingeweiden in kleine Arterien.

Ansteckungsfähige Larven werden beim Weiden gefressen.

chen ansteckungsfähig. Sind sie erst einmal im Verdauungstrakt, bohren sie sich durch die Darmwand und wandern entlang den kleinen Arterien bis zu den Hauptschlagadern des Dickdarms. Hier verbringen sie drei bis vier Monate, eingebohrt in die Gefäßwände. Die weitere Wanderung führt dann zum Dickdarm, in dessen Wand sie sich eingraben und weitere sechs Wochen in einem Schlafzustand verharren. Daraus gehen sie als erwachsene Würmer hervor und ernäh-

ren sich von den Darmwänden. Große Bereiche der Schleimhaut und der zugehörigen Blutgefäße werden zerstört.

Strongylus edentatus macht eine ausgedehnte, aber weniger schädliche Wanderung durch. Die Larven wandern vom Darm in die Leber, wo sie sich eine Weile entwickeln, um sich dann zur Auskleidung der Bauchhöhle zu bewegen und schließlich zum Dickdarm, wo sie vollständig ausreifen. Die wandernden Larven verstopfen Arterien, wodurch bestimmte Bereiche nicht mehr genügend durchblutet werden und Gewebe abstirbt. Ein Grund für eine Krampfkolik kann diese Schädigung sein. Die Larven von *Strongylus edentatus* können die Leber schädigen, wenn sie dieses Organ passieren. Die Wanderungen dieser Larven verursachen auf jeden Fall rapiden Gewichtsverlust, Niedergeschlagenheit und Fieber. Im Vergleich dazu sind die erwachsenen Würmer etwas harmloser. Sind sie jedoch – besonders beim jungen Pferd – in großer Zahl vorhanden, können sie chronische Blutarmut bewirken. Der Schaden, den sie an den Darmwänden anrichten, bringt außerdem das Flüssigkeitsgleichgewicht des Körpers durcheinander und verursacht Durchfall.

Während der Weidesaison sollten Pferde regelmäßig entwurmt werden. Die Zeit zwischen den Wurmbehandlungen hängt ab von der Wirksamkeit der Mittel. Monatliche Behandlung ist angezeigt, wenn das Wurmmittel nur gegen erwachsene Würmer eingesetzt wird; ein Zwischenraum von sechs Wochen ist vertretbar, wenn das Mittel zugleich gegen Larven und erwachsene Würmer wirkt. Präparate, die Ivermectin enthalten (z. B. Ivomec®), sind aktiv gegen erwachsene Würmer und Larven. Die meisten anderen Mittel vernichten bei normaler Dosis nur erwachsene Formen.

Die kleinen Strongyliden sind in großer Zahl im Dickdarm des Pferdes zu finden. Von ihnen hatte man angenommen, daß sie ziemlich harmlos seien. Heute weiß man, daß sie

unter bestimmten Bedingungen ernsthafte Erkrankungen verursachen können. Die erwachsenen Würmer legen das ganze Jahr über Eier. Die Eier schlüpfen im Kot; bei warmfeuchtem Wetter wandern die Larven in nahes Blattwerk und werden innerhalb einer Woche ansteckungsfähig. Ist es kalt und trocken, dann dauert diese Entwicklung länger. Diese allmähliche Entwicklung stellt sicher, daß die höchstmögliche Zahl ansteckungsfähiger Larven vorhanden ist, wenn die Bedingungen für ihr Überleben günstig sind. Die Larven graben sich in die Wand des Dickdarms ein und verbringen dort einige Monate, um sich weiter zu entwickeln. Die Larven häuten sich und werden allmählich zu reifen, erwachsenen Würmern.

Im Larvenstadium richten diese Würmer den größten Schaden an. Noch nicht geschlüpfte Larven schädigen die Drüsen des Dickdarms und beeinträchtigen ferner seine Beweglichkeit. Mangel an Beweglichkeit des Darms kann die Voraussetzung für eine Kolik schaffen. Unter speziellen Bedingungen verlassen die noch nicht geschlüpften Larven im Frühling die Darmwände in großer Zahl.

Links oben: Eine sorgfältige Untersuchung ist nur in der Klinik möglich. Ein sogenannter »Zwangsstand« sorgt dafür, daß das Pferd nicht ausweichen und den Tierarzt nicht verletzen kann.

Unten: Nicht viel anders als in einer humanmedizinischen Klinik geht es bei einer Operation am Pferd zu.

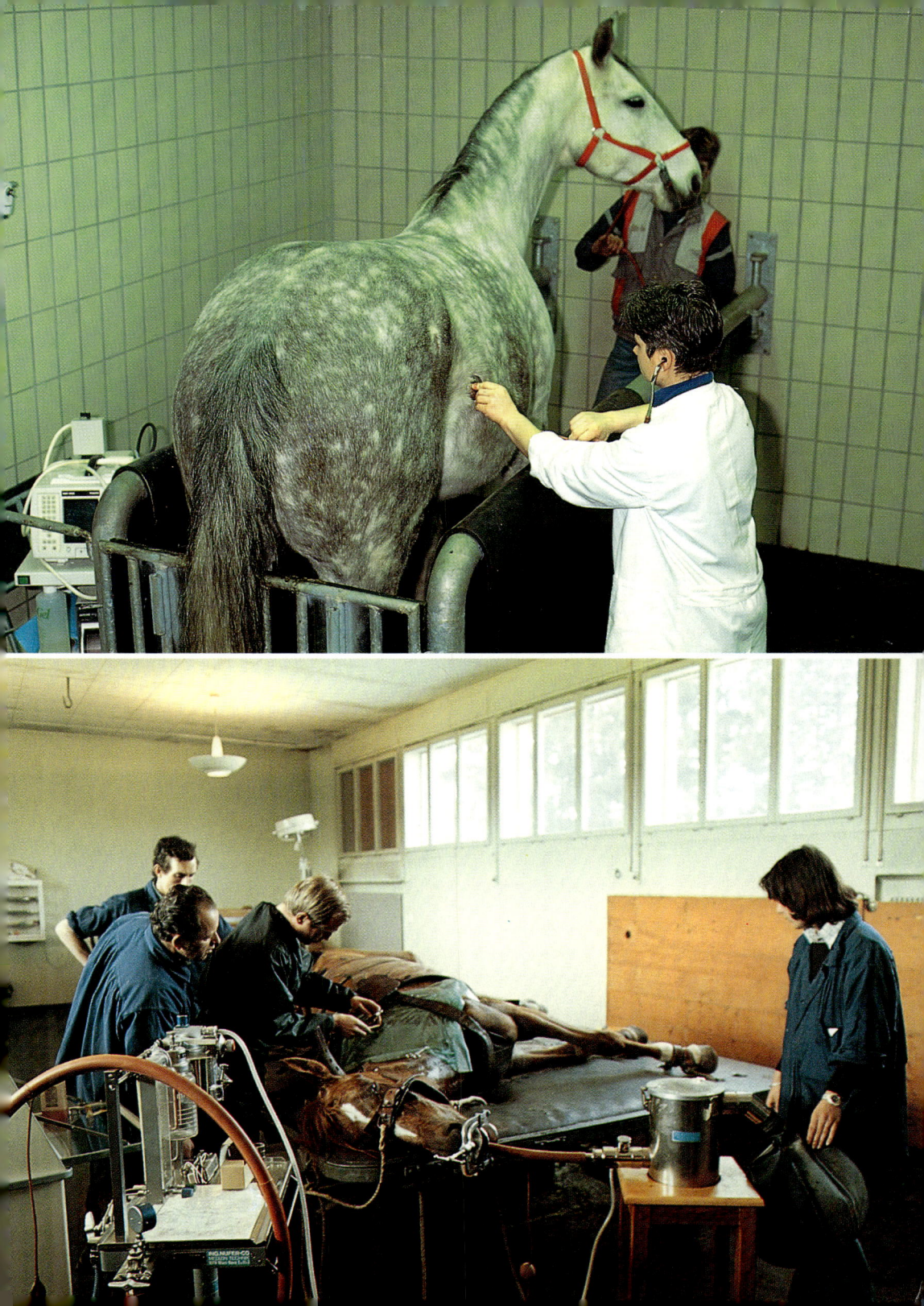

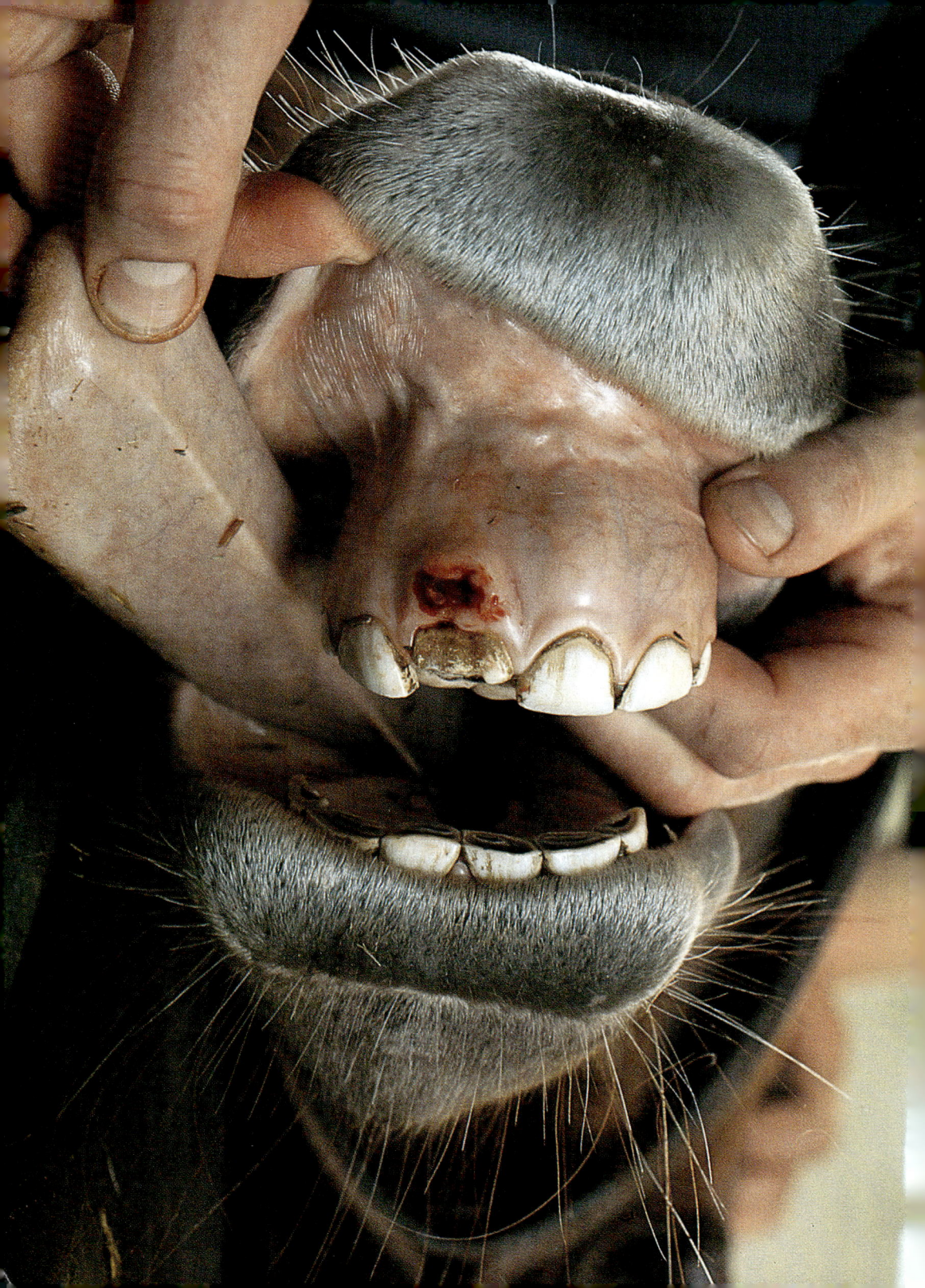

Dies erzeugt eine starke Reaktion; ist der angerichtete Schaden groß genug, resultiert daraus eine Erkrankung, die larvale Cyathostomiasis genannt wird.

Diese Krankheit ist charakterisiert durch akuten Durchfall, verbunden mit rapidem Gewichtsverlust. Im allgemeinen hat das Pferd Fieber, macht einen sehr niedergeschlagenen Eindruck und verliert seinen Appetit. Ohne sofortige, wirksame Behandlung sind die Aussichten schlecht. Es ist wichtig, Flüssigkeitsverluste zu ersetzen. Die Verabreichung von Kortison hat die Zahl der Pferde, die eine solche Krankheit überlebt, erhöht. Ein larventötendes Entwurmungsmittel sollte gegeben werden.

Pfriemenschwänze

Pfriemenschwänze leben im Dickdarm. Der weibliche Wurm legt in der Analgegend des Pferdes seine Eier als gelblich-weiße Masse ab. Die Aktivität des Weibchens beim Absetzen der Eier und die Eier selbst verursachen einen heftigen Juckreiz. Durch ständiges Reiben verliert das Pferd Haare an der Schweifwurzel und schädigt die Haut in dieser Region. Alle modernen Wurmmittel bekämpfen diesen Wurm.

Links: Ein ganz normaler Vorgang: Bei dieser zweijährigen Stute bricht oberhalb des Milchzahngebisses einer der oberen Schneidezähne durch, der später den Milchzahn ersetzt.

Der Bandwurm

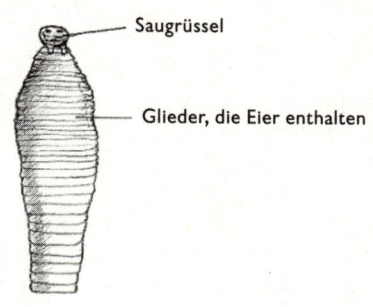

Saugrüssel

Glieder, die Eier enthalten

Bandwürmer

Der Bandwurm ist ein flacher Wurm von ungefähr 8 bis 10 cm Länge und 1 cm Breite, der an der Verbindung zwischen Dünn- und Dickdarm sitzt. Der erwachsene Bandwurm scheidet eine Substanz aus, die die Eier enthält und über den Kot abgesetzt wird. Diese Substanz bricht auf und entläßt die Eier auf die Weide. Dort werden diese von kleinen, freilebenden Milben gefressen, die sich im verflochtenen Grund von Dauerweiden aufhalten. In den nächsten vier Monaten entwickelt sich der Bandwurm in den Milben. Das Pferd wird angesteckt, wenn es mitsamt einem Büschel Gras die Milben frißt.

In großer Zahl auftretend kann der Bandwurm Schaden anrichten, die Arbeit der Klappe zwischen Dünn- und Dickdarm behindern und akute Kolikanfälle verursachen. Wird der Schaden zunehmend chronisch, treten als Symptome mangelnde Futterverwertung, Gewichtsverlust, sporadische Fälle von Kolik und Durchfall auf. Bandwurmmittel sollten zweimal im Jahr gegeben werden, zum erstenmal, wenn das Pferd bereits sechs bis acht Wochen auf der Weide ist, zum zweitenmal im Herbst.

Sehr wenige Präparate wirken gegen den Bandwurm; unlängst haben Versuche jedoch ergeben, daß Banminth® in verdoppelter Dosis einen hohen Prozentsatz jener Würmer beseitigt, die im Blinddarm vorhanden sind.

Erkrankungen der Leber

Die Leber ist ein Organ mit außerordentlichen Fähigkeiten, sich zu erholen. Dreiviertel ihrer Arbeitskapazität kann verloren sein, bevor eine Erkrankung offenbar wird. Insofern sind die Begriffe »akut« und »chronisch« fehlweisend, wenn sie eine Lebererkrankung beschreiben sollen; das Krankheitsbild ist immer akut, auch wenn es auf einer chronischen Störung beruht.

Akute Lebererkrankung

Die akute Lebererkrankung ist eine sehr schwere und gefährliche Erkrankung. Sie kann verursacht sein durch eine Virusinfektion oder die Aufnahme von chemischen bzw. biologischen Giften. Zu den Symptomen gehören Appetitverlust, Bauchschmerzen, erhöhte Puls- und Atemfrequenz. Im akuten Fall entwickelt sich sehr schnell eine Gelbsucht. Nervöse Übererregbarkeit tritt auf, wenn die Erkrankung fortschreitet.

Chronische Lebererkrankung

Der häufigste Grund für eine chronische Lebererkrankung ist das Jakobskreuzkraut. Giftstoffe dieses Unkrauts vergiften die Leberzellen und verursachen eine Leberzirrhose. Draußen wird das Kraut nur selten von den Pferden gefressen, da es äußerst schlecht schmeckt. Im Heu ist es jedoch ohne Geschmack, und so treten die meisten Fälle auf nach dem Genuß von verunreinigtem Heu. Dem Leberegel wurde gelegentlich nachgesagt, er würde eine chronische Lebererkrankung verursachen.

Die vom Jakobskreuzkraut herrührende Erkrankung ist unheilbar. Sobald die ersten Anzeichen vorhanden sind, ist es zu spät. Zeichen nervöser Übererregbarkeit herrschen vor. Das Pferd scheint seine Umgebung nicht mehr wahrzunehmen — Kopfpressen (headpressing), Kreisen, scheinbare Blindheit sind übliche Symptome. Es entwickeln sich Gewichtsverlust und Durchfall.

Die Behandlung zielt in der Hauptsache auf den akuten wie auf den chronischen Fall ab. Antibiotika können verwendet werden, um bakterielle Erst- oder Zweitinfektionen zu kontrollieren; intravenös kann Glukose verabreicht werden, um den Blutzuckerspiegel aufrechtzuerhalten. Vitamine, vor allem der Gruppe B, werden häufig gegeben, um die geschädigte Leber zu unterstützen.

Hyperlipämie

Diese Erkrankung ist selten. Sie tritt bei fetten Ponys auf, die aus irgendeinem Grund plötzlich wenig Futter erhalten. Um sich zu ernähren, mobilisiert das Pony seine Fettreserven, der Fettspiegel im Blut steigt an – und damit wird die Leber nicht fertig. Betroffene Ponys werden lethargisch, verlieren ihren Appetit und entwickeln Durchfall. Eine Blutuntersuchung wird einen hohen Fettanteil im Blutplasma ergeben. Die Behandlung ist dieselbe wie bei einer Lebererkrankung.

Erkrankungen der Harnorgane

Nierenerkrankung

Die Erkrankung der Nieren ist beim Pferd sehr selten. Eine Degeneration der Niere und eine Nierenentzündung können von vielen verschiedenen Krankheiten ausgelöst werden. Nierensteine können überall im Nierensystem auftreten, meist werden sie in der Blase vorgefunden.

Die Symptome einer Nierenerkrankung werden grundsätzlich verschleiert durch die Symptome der Ausgangserkrankung.

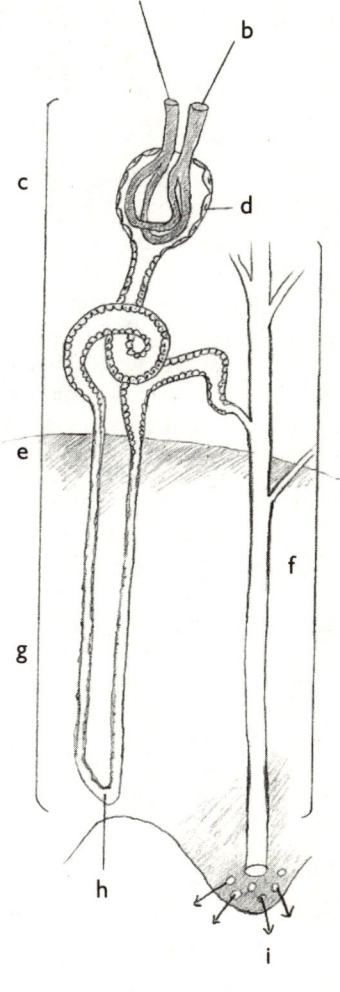

Innere Struktur der Nieren

a) Bluteintritt
b) Blutaustritt
c) Nierenrinde
d) Filterorgane
e) Auszugsmechanismus
f) Sammelröhren
g) Nierenmark

h) Henlesche Schleife
i) Urin
j) Nierenrinde
k) Bluteintritt
l) Blutaustritt
m) Nierenmark
n) Harnleiter

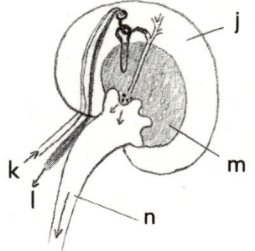

Überlebt das Pferd, dann ist der Schaden an der Niere behoben, und sie funktioniert wieder. Nierensteine verursachen unterschiedliche Symptome und meist große Schmerzen je nach ihrer Position. Von Pausen unterbrochener Bauchschmerz, Unbehagen beim Harnlassen und Blut im Urin sind jedoch immer zu beobachten.

Für Nierenerkrankungen gibt es keine spezielle Behandlung. Größere Nierensteine können chirurgisch entfernt werden. Die Verabreichung von sanften, entspannenden Medikamenten läßt die Harnröhre erschlaffen. Kleine Steine können dann abgehen.

Blasenentzündung

Diese Erkrankung ist im allgemeinen eine Folge von Nierensteinen oder von einer Scheideninfektion. Die Verletzung der Harnröhre oder der Blase beim Geburtsvorgang kann ebenfalls eine Blasenentzündung verursachen. Es werden häufig geringe Mengen Harn gelassen, und das Urinieren ist schmerzhaft. Der Urin ist dick, flockig und enthält manchmal Eiter und Blutklümpchen. Die Behandlung erfordert in der Regel eine Entfernung der ursprünglichen Ursache für die Blasenentzündung. Die Entzündung selbst kann mit Antibiotika angegangen werden.

Zuchtprobleme

Krankheiten des Hengstes
Kryptorchismus (Klopphengst)

Mit Kryptorchismus wird der Zustand beschrieben, bei dem ein oder beide Hoden des Hengstes nicht durch den Leistenring in den Hodensack abgestiegen sind. Äußerlich er-

scheint das Pferd als Wallach, und zugleich hat es Hengstmanieren. Hormonuntersuchungen können zeigen, ob Hodengewebe vorhanden ist. Gelegentlich haben auch solche Pferde Hengstmanieren, die über kein nachweisliches Hodengewebe verfügen. Dieser Zustand ist auf eine nicht kor-

Schema der männlichen Geschlechtsorgane

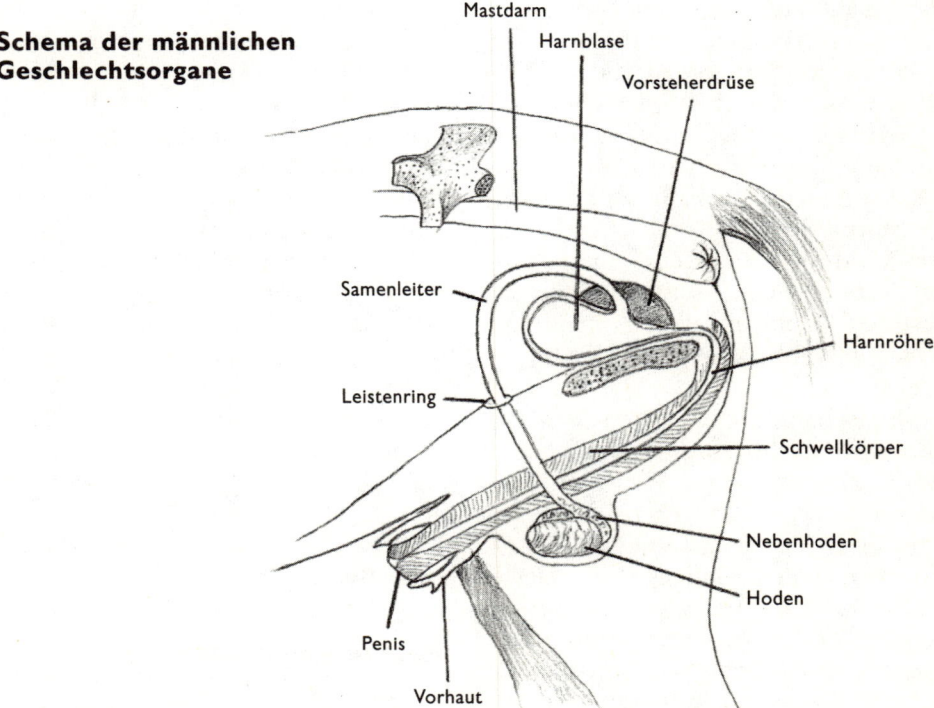

rekte Kastration zurückzuführen. Betroffene Pferde sind unfruchtbar.

Behandelt wird der Kryptorchismus durch eine chirurgische Entfernung des nicht abgestiegenen Hodens. Die Hengstmanieren bei schlecht kastrierten Pferden können manchmal durch eine Kürzung des Samenstrangstumpfes behoben werden.

Mangelhafter Samen

Die Produktion einer großen Zahl mangelhafter Spermien oder auch einer ungenügenden Zahl von Spermien kann beim Hengst Unfruchtbarkeit verursachen. Eine exakte Definition, ab wann ein Hengst unfruchtbar ist, kann nur schwer gegeben werden. Den Ursachen für mangelhafte Qualität des Samens ist die Wissenschaft noch auf der Spur. Perioden hohen Fiebers bei Krankheit können die Samenqualität ebenso beeinträchtigen wie die Gabe anaboler Steroide. Zu starke Strapazierung eines Hengstes kann für schlechten Samen ebenfalls verantwortlich sein – ein aktiver, gesunder Hengst sollte in der Lage sein, fünfzehnmal in einer Woche zu decken.

Die Behandlung des Hengstes mit »schlechtem« Sperma (zu hoher Anteil an abgestorbenen Spermien und verminderte Beweglichkeit) ist schwierig. Sie ist am ehesten durch ein dem Hengst angepaßtes Deckbzw. Besamungsmanagement zu beheben. Die Verwendung von synthetischen Hormonen kann im Einzelfall eine Besserung bringen. Die Anwendung soll aber nur nach sorgfältiger Prüfung der medizinischen Indikation erfolgen. Im Prinzip muß man mit dem Problem zu leben wissen.

Verletzung

Eine Verletzung kann Unfruchtbarkeit bewirken, indem sie das Decken verhindert. Schmerzhafte Rückenprobleme oder Lahmheiten der Hintergliedmaßen fallen in diese Kategorie. Verletzungen des Penis oder Hodensacks können zu physischen oder mentalen Schwierigkeiten, den Deckakt zu vollziehen, führen.

Psychologische Probleme

Im psychologischen Bereich liegt der Grund für viele Fälle von Unfruchtbarkeit. Die meisten Probleme rühren daraus, daß jene feine Linie überschritten wird, die zwischen notwendiger Disziplinierung eines kraftstrotzenden Deckhengstes und übertrieben hartem Umgang liegt. Junge Hengste können sich deckunlustig bei einer abweisenden Stute zeigen.

Hengste können Zu- und Abneigung perfekt demonstrieren; die Abneigung gegenüber einer einzelnen Stute kann sie vom Decken abhalten. Langzeitbeobachtung ist nötig, um auf den Kern des Problems zu kommen. Es ist wichtig, den Tagesablauf für den Hengst mit Geduld wieder so einzurichten, daß letztlich Abhilfe geschaffen wird.

Hodenentzündung

Eine Infektion von Hoden oder Nebenhoden ist selten beim Hengst.

Geschlechtskrankheit

Der Hengst kann sich eine Geschlechtskrankheit zuziehen. Dies geschieht, wenn er eine infizierte Stute deckt. Im allgemeinen wird das erst bemerkt, wenn er die Ansteckung an andere Stuten weitergibt. Wird das Vorhandensein einer ansteckenden Erkrankung vermutet, wird ein Abstrich von Penis und Schacht genommen. Lokale Behandlung von Schacht und Penis reicht meist aus. Die Geschlechtsteile sollten mit einer nicht aggressiven Seife und mit Wasser gewaschen, getrocknet und mit einer wirksamen antibiotischen Salbe eingecremt werden. Dies sollte täglich über eine Zeit von fünf Tagen hinweg geschehen.

Ansteckende Erkrankungen der Stute

CEM

Diese Erkrankung, die in der medizinischen Fachsprache *Contagious equine metritis* (CEM) genannt wird, wurde zuerst in Irland im Jahre 1976 beobachtet. Der Erreger ist das Bakterium *Taylorella equigenitalis*. Er wird beim Geschlechtsakt durch Stuten und Hengste übertragen, die keine Symptome zeigen. Die CEM ist bei Vollblütern meldepflichtig. Es ist ein Untersuchungsschema entwickelt worden, dem alle Stuten und Hengste zu unterwerfen sind, die für die Zucht verwendet werden. Der Grad des Risikos variiert von Jahr zu

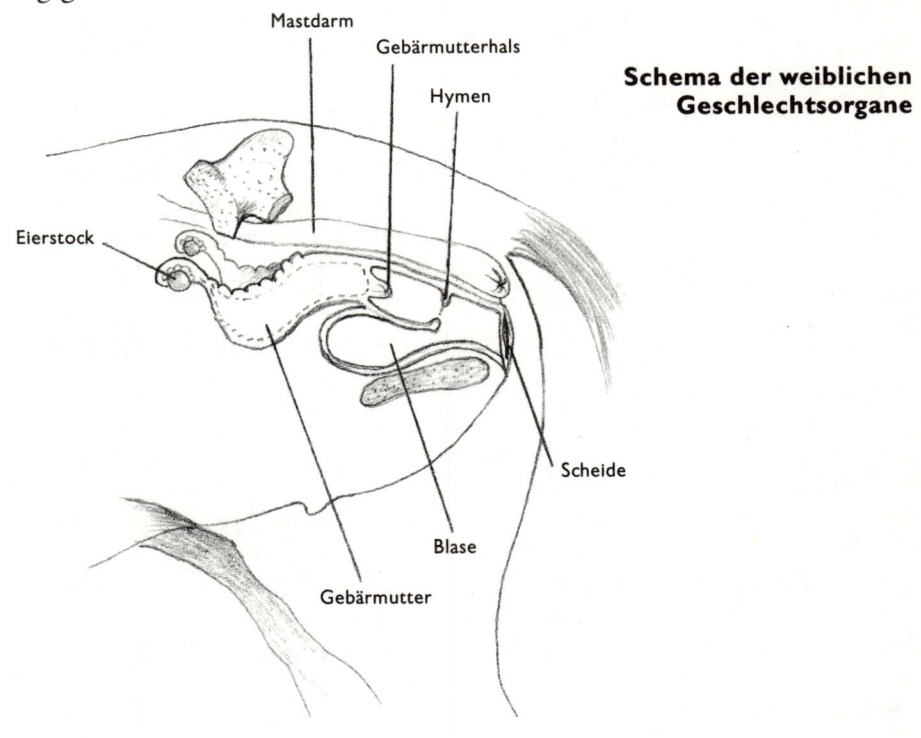

Mastdarm

Gebärmutterhals

Hymen

Schema der weiblichen Geschlechtsorgane

Eierstock

Scheide

Blase

Gebärmutter

Jahr. Es ist darum angezeigt, sich für neueste Informationen an den zuständigen Zuchtverband bzw. Amtstierarzt zu wenden.

Zu den Symptomen gehört ein übermäßiger Scheidenausfluß, der 24 bis 48 Stunden nach dem Decken auftritt. Innerhalb der nächsten zehn Tage wird dieser geringer. Die Entzündung des Gebärmutterhalses bleibt jedoch und kann Unfruchtbarkeit verursachen. Eine Behandlung mit Antibiotika ist nötig, um die Erkrankung zu heilen. Frühzeitige Diagnose und Behandlung sind wichtig, um eine Ausbreitung der Krankheit zu verhindern.

Bläschenausschlag

Der Bläschenausschlag ist eine akute Erkrankung, die durch ein Mitglied der Familie des Herpesvirus verursacht wird. Er befällt die außenliegenden Geschlechtsorgane von Stute und Hengst und wird bei der Paarung übertragen. Bläschen entwickeln sich auf der Vorhaut und am Penis des Hengstes und auf den Schamlippen der Stute. Eine Folgeinfektion kann zu einer akuten Entzündung führen. Zwar verursacht der Bläschenausschlag keine Unfruchtbarkeit, er kann jedoch ein solches Unbehagen auslösen, daß eine erfolgreiche Paarung verhindert wird. Das betroffene Pferd kann behandelt werden durch das Auftragen einer antibiotischen oder antiseptischen Salbe. In den meisten Fällen ist jedoch eine Heilung ohne weitere Komplikationen nach zehn oder vierzehn Tagen zu beobachten.

Akute Entzündung der Gebärmutterschleimhaut
(Endometritis)

Es handelt sich dabei um eine Infektion der Gebärmutterschleimhaut. Sie folgt gewöhnlich auf eine Schädigung der Gebärmutter oder auf die Verhaltung der Nachgeburt. Ferner kann sie verursacht werden durch den Befall mit Keimen (*Streptococcus, Staphylococcus, Klebsiella* oder *Proteus*). Diese Bakterien – ebenso wie der Organismus, der CEM erregt – sind venerisch: Sie können beim Geschlechtsakt durch einen infizierten Hengst von Stute zu Stute transportiert werden.

Zu den Symptomen gehört ein ständiger Scheidenausfluß. Gelegentlich ist jedoch eine Entzündung ohne äußerliche Zeichen vorhanden. In solchen Fällen sind eine kleine Probe der Gebärmutterschleimhaut und ein Gebärmutterabstrich zu nehmen, um die Erkrankung nachweisen zu können. Zur Behandlung ist die Spülung der Gebärmutter mit einem geeigneten Antibiotikum vonnöten.

Chronische Entzündung der Gebärmutterschleimhaut

Diese Entzündung tritt auf, wenn die Stute mit dem normalen Bakterienbefall der Gebärmutter nicht fertig wird. In der Hauptsache sind dazu zwei Bedingungen nötig – mangelnder Verschluß der Scham oder Verlust der örtlichen Abwehrkräfte.

Der mangelnde Verschluß der Scham rührt von einer fehlerhaften Gestalt von Scheide und Schamlippen her: Luft kann in die Scheide eindringen. Dies schädigt die Schleimhaut der Scheide und verursacht eine chronische Entzündung der Scheide und des Gebärmutterhalses. Die Entzündung breitet sich bald auf die Gebärmutter aus. Ein bei der Geburt entstandener Schaden, eine angeborene Fehlbildung oder fortgeschrittenes Alter können Form und Position der Schamlippen verändern. Es gibt verschiedene chirurgische Techniken, um das Eindringen von Luft in die Scheide zu unterbinden. Bei der einfachen und wirkungsvollen Operation nach Caslick werden die Schamlippen oben etwas angeschliffen und zusammengenäht. Kann keine Luft mehr eindringen, entfällt die ständige Verunreinigung der Gebärmutter,

und sie kehrt wieder in ihren Normalzustand zurück.

Der Verlust der örtlichen Abwehrkräfte bedeutet, daß die Stute dem durchaus üblichen Bakterienangriff während des Deckaktes nicht standhalten kann. Zunehmendes Alter, Verschleiß und Zerreißungen der Gebärmutterschleimhaut spielen eine wichtige Rolle bei der Erkrankung. Diese Problematik sollte berücksichtigt werden, wenn die Stute nach dem Decken Scheidenausfluß hat oder eher als nach den normalen 16 Tagen wieder rossig wird. Die Diagnose einer chronischen Entzündung der Gebärmutterschleimhaut kann gestellt werden mit einem Gebärmutterabstrich oder durch die Entnahme von Gebärmuttergewebe und mikro-

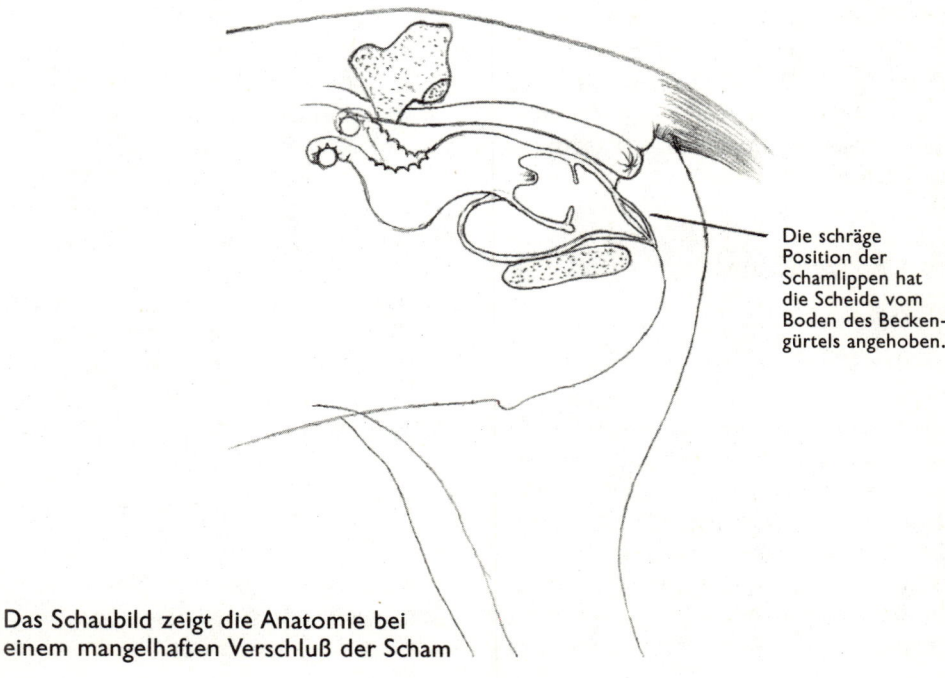

Die schräge Position der Schamlippen hat die Scheide vom Boden des Beckengürtels angehoben.

Das Schaubild zeigt die Anatomie bei einem mangelhaften Verschluß der Scham

skopische Untersuchung dieser Proben. Werden krankheitserregende Bakterien oder entzündete Zellen gefunden, muß man davon ausgehen, daß eine chronische Entzündung der Gebärmutterschleimhaut vorliegt.

Im einfachen Fall ist die Spülung der Gebärmutter ausreichend, um die Erkrankung zu heilen. Künstliche Besamung sollte in Erwägung gezogen werden.

Eine Gebärmutterspülung vor dem Decken mit einem speziellen Gerät (Spreizspekulum), in das Antibiotika gegeben wird, verdünnt vorhandene Verunreinigungen und minimiert die Gefahr einer Infektion nach dem Decken. Das Spülen der Gebärmutter mit antibakteriellen Mitteln in isotonischer Kochsalzlösung für zwei oder drei Tage nach der Paarung reduziert die zu dieser Zeit normale Entzündungsreaktion und vergrößert die Chance auf eine erfolgreiche Einnistung des Eis. Eine milde Verätzung der Gebärmutter ist ebenfalls schon mit ermutigenden Resultaten vorgenommen worden.

Fruchtbarkeitsrhythmus der Stute

Anöstrische Zeit *Anoestrus*

Im Winter und zu Beginn des Frühjahrs zeigen die Eierstöcke der Stute keine Aktivität. Setzt man die Stute in zunehmendem Maße künstlichem Licht aus, um derart die Tageslichtstunden zu verlängern, kann es manchmal gelingen, den Beginn der Decksaison um bis zu zwei oder drei Monate vorzuziehen. Hormonbe-

handlungen zur Stimulation der Eierstockaktivität haben enttäuschende Resultate gezeigt.

Übergangszeit

Zu Beginn des Frühjahrs macht die Stute eine Übergangszeit durch, in der sie ihre volle Fruchtbarkeit entwickelt. Die Dauer hängt von Fütterungsfaktoren und vom körperlichen Zustand der Stute ab. Es treten unregelmäßige Fortpflanzungsaktivitäten auf: lange Perioden offensichtlicher Rosse und kurze Rossen in unregelmäßigen Abständen: Die Eierstöcke können aktiv sein, ohne daß eine Rosse zu beobachten ist. Diese Übergangsphase zieht sich hin, bis der tatsächlich einsetzende Frühling — einschließlich der zunehmenden Kondition der Stute und des besseren Wetters — die volle Aktivität der Eierstöcke einleitet.

Eine Behandlung mit dem Hormon Regumate® stoppt den Rossezyklus. Nach Ende der Behandlung setzt der Zyklus mit besonderer Stärke wieder ein, und ein normaler Zyklus mit Eisprung ist die Folge. Die Verabreichung des Hormons Prostaglandin entfernt den aktiven Gelbkörper, der den normalen Zyklus stören kann. Der Eisprung setzt ein, wenn der Gelbkörper nicht mehr vorhanden ist.

Verlängerte Zeit zwischen Rossen

Diese Verlängerung wird verursacht durch einen hartnäckigen Gelbkörper, der die Entwicklung eines

Dieses Schaubild zeigt den Fruchtbarkeits-
rhythmus der Stute.

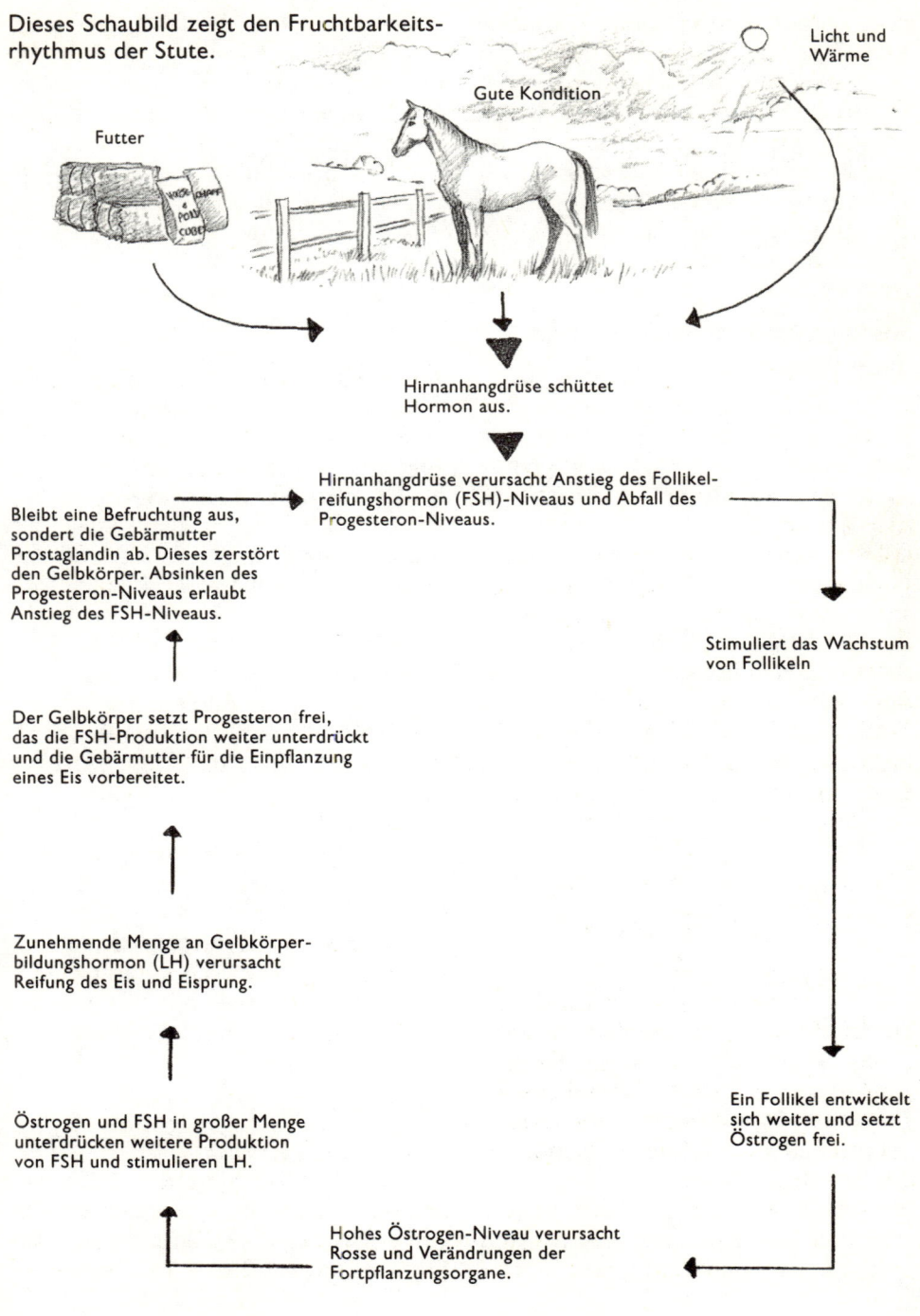

Licht und
Wärme

Gute Kondition

Futter

Hirnanhangdrüse schüttet
Hormon aus.

Hirnanhangdrüse verursacht Anstieg des Follikel-
reifungshormon (FSH)-Niveaus und Abfall des
Progesteron-Niveaus.

Bleibt eine Befruchtung aus,
sondert die Gebärmutter
Prostaglandin ab. Dieses zerstört
den Gelbkörper. Absinken des
Progesteron-Niveaus erlaubt
Anstieg des FSH-Niveaus.

Stimuliert das Wachstum
von Follikeln

Der Gelbkörper setzt Progesteron frei,
das die FSH-Produktion weiter unterdrückt
und die Gebärmutter für die Einpflanzung
eines Eis vorbereitet.

Zunehmende Menge an Gelbkörper-
bildungshormon (LH) verursacht
Reifung des Eis und Eisprung.

Ein Follikel entwickelt
sich weiter und setzt
Östrogen frei.

Östrogen und FSH in großer Menge
unterdrücken weitere Produktion
von FSH und stimulieren LH.

Hohes Östrogen-Niveau verursacht
Rosse und Verändrungen der
Fortpflanzungsorgane.

normalen Zyklus verhindert. Zu den Symptomen gehören die Unfähigkeit zu rossen und inaktives Rosseverhalten. Ein verlängerter Zwischenraum ist nicht unüblich, er folgt auf 26 Prozent aller Eisprünge. Behandlung mit Prostaglandin zerstört den Gelbkörper und sorgt für die Entwicklung einer normalen Rosse.

Ausbleiben der Rosse in der Saugphase

Prolactin, ein Hormon, das den Milchfluß steuert, kann die Entwicklung einer normalen Rosse verhindern. Ein Ausbleiben der Rosse in der Säugephase kann variieren zwischen einer ernstzunehmenden Nichtrosse ohne Aktivität der Eierstöcke und einer normalen Aktivität der Eierstöcke ohne erkennbare Rosse. Behandlung mit Prostaglandin wirkt bei Stuten mit einem funktionierenden Gelbkörper. Gegen ein tatsächliches Ausbleiben der Rosse kann nur wenig getan werden.

Probleme der Trächtigkeit
Feststellung der Trächtigkeit

Manuelle Untersuchung
Der geübte Untersucher kann eine Trächtigkeit bei der rektalen Untersuchung ab dem 18. Tag sicher feststellen. Bei der Frühträchtigkeitsdiagnose ist es wichtiger, eine Nichtträchtigkeit auszuschließen, damit die erneute Rosse nicht ohne Besamung verstreicht. Dazu eignet sich am besten die Untersuchung des Muttermundes mit einem Speculum.

Es ist sinnvoll, die Trächtigkeitsuntersuchung in regelmäßigen Abständen (z. B. 42. Tag, 65. Tag, 90. Tag) zu wiederholen, um das hohe Risiko einer Fruchtresorption (Abort) in der Zeit bis zum 100. Tag der Trächtigkeit zu minimieren. Im Fall einer Resorption kann die Stute wieder dem Hengst zugeführt werden.

Ultraschalluntersuchung
Das dazu verwendete Gerät erzeugt einen Hochfrequenzton, mit dem die Organe im Bauch sich voneinander abheben und auf einem Bildschirm darstellen lassen. Die Schallwellen werden erzeugt von einer Sonde, die in den After der Stute eingeführt wird. Die flüssigkeitsgefüllte Gebärmutter zeigt sich als dunkler Schatten, der sich darin entwickelnde Embryo erscheint hell. Schon nach zwanzig Tagen kann eine Trächtigkeit im Bild nachgewiesen werden, und eine eventuelle Zwillingsgeburt wird frühzeitig entdeckt.

Hormontests
Diese Tests, vorgenommen an Blut- oder Urinproben, beruhen auf dem Nachweis von Hormonen, die während der Schwangerschaft produziert werden. Die Tests sind unterschiedlich genau, machen jedoch eine manuelle Untersuchung überflüssig.

Verfohlen
Zwillingsverfohlungen
Der Mutterkuchen der Stute ist auf die Ernährung nur einer Frucht eingerichtet. Bei Zwillingen hat die Stute es schwer, beide mit Nährstof-

fen zu versorgen. Ein Embryo stirbt, der tote Körper verkümmert. Der andere Embryo kann das Ende der normalen Tragezeit erreichen. Meist ist das jedoch nicht der Fall.

Verdrehung der Nabelschnur

Die Nabelschnur kann sich im Mutterleib verdrehen. Dies verhindert den Blutkreislauf zwischen Gebärmutterkuchen und Embryo, so daß der Embryo abstirbt und die Stute verfohlt.

Angeborene Mißbildungen

Mißbildungen des Embryos sind häufig ernsthaft genug, um seinen Tod und Abort zu verursachen.

Virusabort

Wenn das Herpesvirus EHV 1 (s. Seite 9) eine trächtige Stute befällt, kann es in den Körper des Embryos eindringen und dort innere Organe schädigen, insbesondere Leber und Nieren. Der Embryo stirbt, und die Stute verfohlt.

Die Ansteckung eines fast voll ausgereiften Fohlens führt zu einer Frühgeburt oder der Geburt eines schwachen, kränklichen Fohlens, das nicht lange lebt. Angesteckte Stuten können ernsthafte neurologische Probleme entwickeln.

Pilzbedingtes Verfohlen

Das Verfohlen aufgrund einer Pilzinfektion tritt im allgemeinen spät in der Trächtigkeit auf. Eine Ansteckung kann von schimmligem Heu herrühren, häufiger jedoch aus einer Infektion der Gebärmutter bei der vorherigen Geburt.

Bakterielle Infektion

Eine Ansteckung der Gebärmutter und des Mutterkuchens kann durch die Scheide oder über das Blut erfolgen. Die Erkrankung des Mutterkuchens kann so ausgedehnt sein, daß sie die Gesundheit des Embryos schädigt und ein Verfohlen verursacht.

Probleme bei der Geburt
Geburt

Die normale Geburt kann in drei Abschnitte unterteilt werden.

Im ersten Abschnitt bewegt sich das Fohlen aus der Lage, die es während der Tragezeit eingenommen hat (auf dem Rücken), in eine Position, die für den Geburtsvorgang richtig ist: Es streckt die Vordergliedmaßen aus und legt den Kopf darauf. Als Reaktion darauf öffnet sich der Gebärmutterhals, und es setzen Kontraktionen der Gebärmutter ein. Die Fruchtblase zwängt sich durch die Öffnung und platzt schließlich.

Der zweite Abschnitt ist im allgemeinen kurz und explosiv, er dauert nicht länger als 20 bis 30 Minuten. Starke Wehen zwingen Kopf, Schultern und schließlich die Hüften durch den Geburtskanal. Stute und Fohlen liegen still da, während die Hinterbeine des Fohlens noch im Geburtskanal stecken. Kein Grund für den Menschen einzugreifen.

Der dritte Abschnitt umfaßt die Austreibung der Eihäute und sollte nicht mehr als eine Stunde dauern.

Irgendeine Abweichung von diesen Vorgängen sollte Anlaß geben, professionelle Hilfe zu holen.

Vor der Geburt

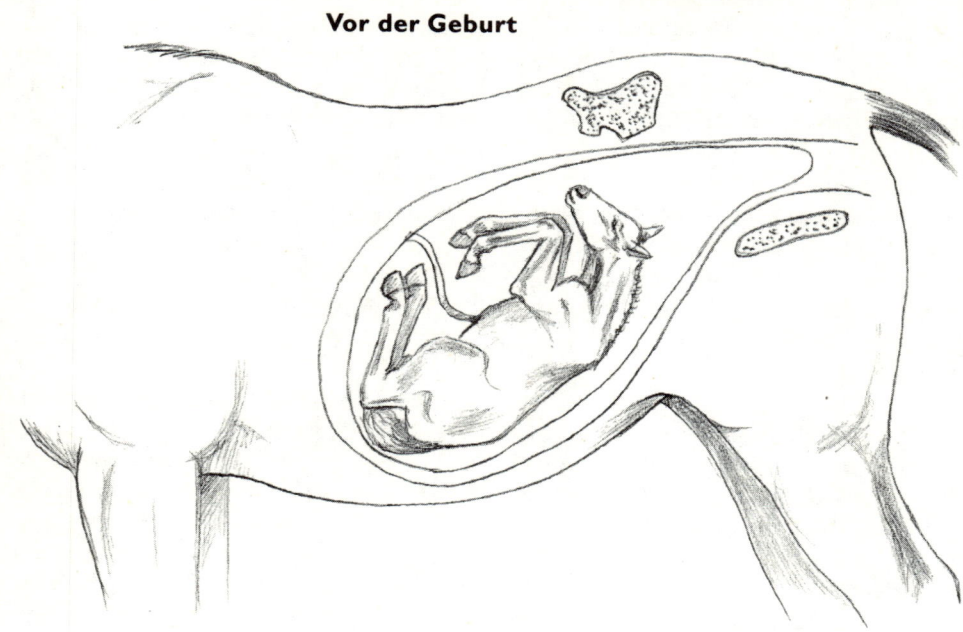

In der ersten Phase

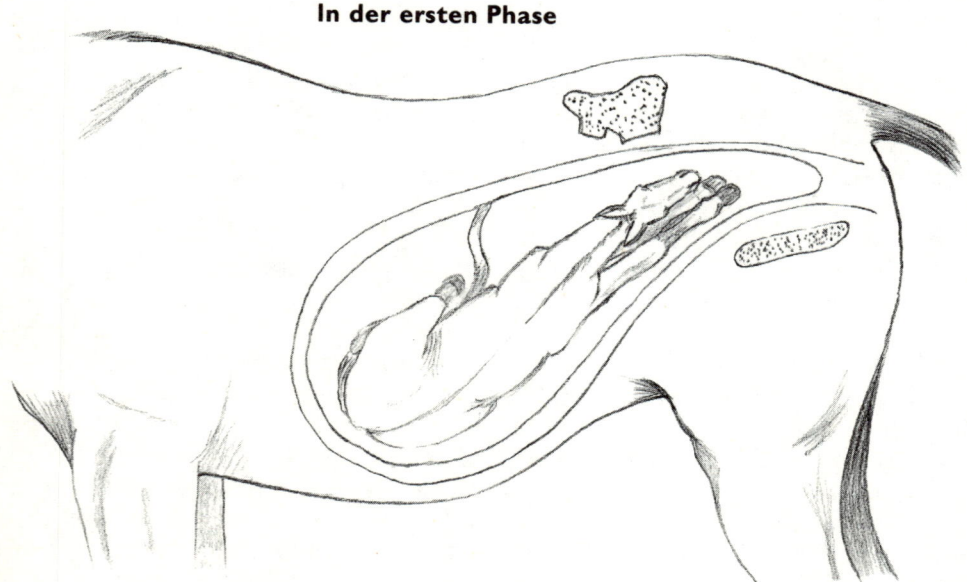

Zurückhalten der Nachgeburt

Die Nachgeburt sollte innerhalb von zwölf Stunden ausgetrieben werden. Geschieht das nicht, sollten Sie den Tierarzt rufen, der die Nachgeburt manuell entfernt. Eine Verzögerung kann zu einer ernsthaften Infektion in der Gebärmutter der Stute führen.

Gebärparese
(Tetanie in der Saugphase)

Hierbei handelt es sich um einen plötzlichen Abfall des Kalziumspiegels im Blut der säugenden Stute. Er ist immer verbunden mit Streß. Die Stute steht steif da, oft hängt ihr noch Gras aus dem Maul. Die Augen sind glasig, alsbald entwickeln sich tetanische Zuckungen. Manche Stuten legen sich nieder. Eine intravenöse Verabreichung von Kalzium beendet diesen Zustand sehr schnell.

Euterentzündung

Diese Entzündung verbunden mit einer Schwellung kann ihre Ursache in einem kranken, nicht saugenden Fohlen haben. Wenn eine Euterentzündung auftritt, geschieht dies häufig in der Entwöhnungsphase und ist die Folge einer Infektion durch Bakterien. Das Baden des schmerzenden Euters mit heißem Wasser verschafft der Stute Erleichterung. Systematische und örtliche Behandlung mit Antibiotika ist angezeigt.

In der zweiten Phase

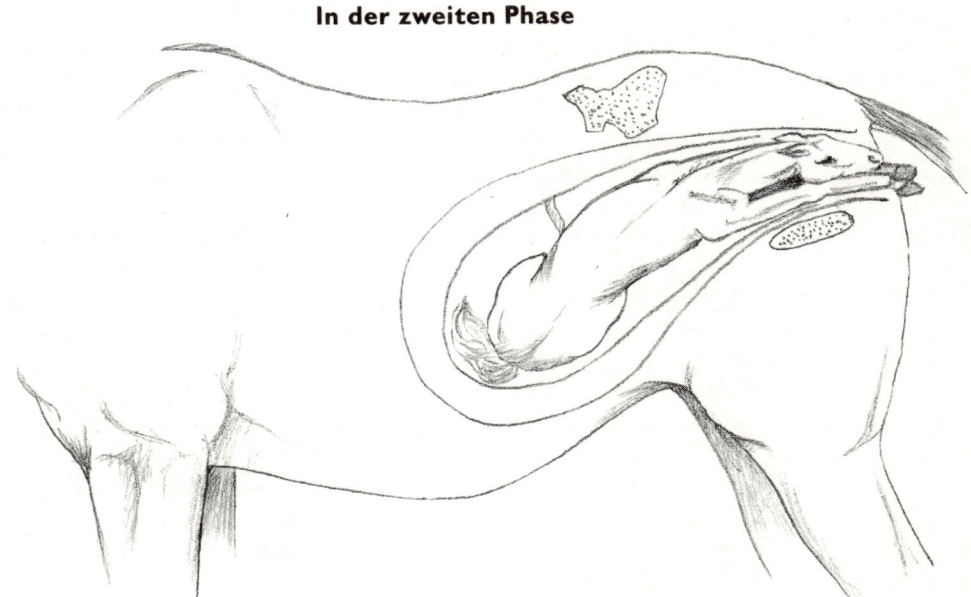

Fohlenkrankheiten

Erkrankungen des neugeborenen Fohlens

Fehlanpassungssyndrom

Diese Erkrankung trifft das Fohlen bald nach der Geburt. Eine Kombination von verschiedenen Faktoren, von denen der wichtigste eine Verletzung während der Geburt ist, kann zu Kreislaufstörungen und Sauerstoffmangel führen. Dies verursacht oder verschlimmert vorhandene Verletzungen des Gehirns. Die daraus folgende Gehirnschädigung resultiert in weiteren Störungen des Blut- und Atmungskreislaufs sowie Nervenschädigungen. Die Symptome dieser Krankheit reichen von kaum merkbaren nervösen Auffälligkeiten bis zum völlig untrollierbaren Anfall. Alle betroffenen Fohlen zeigen jedoch ein etwas verändertes Verhalten und sind unfähig, bei der Stute zu saugen.

Die Behandlung konzentriert sich darauf, das Fohlen zu stabilisieren, damit der ursprüngliche Schaden ausheilen kann.

Es kommt vor, daß die Fohlen gesunden. Die nervösen Auffälligkeiten können durch entsprechende Präparate kontrolliert werden. Einige Fohlen bedürfen nur der Überwachung, damit sie sich nicht selbst einen Schaden antun können. Futter sollte mit einer Magensonde verabreicht werden, wenn der Saugreflex fehlt. Stärker betroffene Tiere benötigen Flüssigkeitsinfusionen. Wird die Erkrankung schnell behandelt und gelingt es, das Fohlen zu stabilisieren, dann erholt es sich zumeist und kann ein ganz normales Leben führen.

Hämolyse
(Blutschädigung durch Muttermilch)

Diese, beim neugeborenen Fohlen seltene, Erkrankung betrifft das Blutsystem. Die roten Blutkörperchen werden zerstört durch einen Antikörper, der in der ersten Muttermilch enthalten ist. Daraus resultiert eine schwere Anämie, die innerhalb weniger Tage zum Tode führt, wenn sie nicht behandelt wird.

Diese Krankheit tritt innerhalb von 48 Stunden nach der Geburt auf. Erste Anzeichen sind Kurzatmigkeit und Erhöhung der Herzfrequenz aufgrund der Anämie, das Weiße der Augen und die Schleimhäute verfärben sich gelb wegen Gelbsucht.

Im frühen Stadium gähnt das Fohlen wiederholt und wird zunehmend schläfrig. Der Urin ist häufig blutfarben. Zur Behandlung nimmt man das Fohlen von der Mutterstute fort. Die roten Blutkörperchen werden ersetzt durch Blutaustausch.

Frühlähme

Dies ist eine akute, schnell tödlich verlaufende Erkrankung des wenige Tage alten Fohlens. Sie wird verursacht durch verschiedene Organismen, die das Fohlen in den ersten Stunden seines Lebens befallen können. Die Infektion dringt in das Fohlen über die Nabelschnur ein. Ob sich eine Blutvergiftung entwickelt, hängt davon ab, in welchem Maß das Fohlen Abwehrkräfte erworben hat.

Zu den sofort auftretenden Anzeichen gehören Appetitverlust, Fieber und eine schnell zunehmende Niedergeschlagenheit, die im Koma endet. Dies ist besonders der Fall bei einem Typ der Blutvergiftung, die man »Schlafkrankheit der Fohlen« nennt. Im frühen Stadium kann das Fohlen aus dem Koma geweckt und sogar zum Saugen veranlaßt werden; es sinkt jedoch bald ins Koma zurück. Das Fieber kann 41 °C erreichen, häufig fällt es jedoch, wenn sich der Zustand verschlimmert.

Jede Infektion muß sofort behandelt werden, da die verantwortlichen Organismen Schäden an den Gelenken und Organen verursachen können, die nur sehr schwer zu heilen sind. Entsprechende antibiotische Präparate sollten in regelmäßigen Abständen den Tag über verabreicht werden. Gute Pflege ist wichtig. Werden routinemäßig Antibiotika in den ersten drei Lebenstagen gegeben,

dann hilft das, eine Blutvergiftung zu vermeiden, besonders bei Fohlen, die nur wenig Antikörper entwickelt haben oder in Ställen geboren werden, in denen diese Krankheit schon häufiger aufgetreten ist. Sofortige Versorgung des Nabelschnurstumpfes mit einer antiseptischen Lösung ist wichtig. Ferner sollten die Abfohlboxen nach jeder Geburt sorgfältig gesäubert und desinfiziert werden.

Symptome bei Frühlähme
1. Appetitmangel
2. Fieber
3. Niedergeschlagenheit
4. Schwerfällige Bewegung
5. Niederlegen
6. Koma
7. Tod

Durchfall

Durchfall oder Darmentzündung beim Fohlen können durch viele Erreger verursacht werden. Die Fohlenrosse, die bei der Stute eine Woche nach der Geburt auftritt, ist ein üblicher Grund für einen Durchfall des Fohlens. Er geht von selbst vorüber, wenn das Fohlen ansonsten gesund ist und weiterhin saugt. Er bedarf keiner Behandlung. Beim älteren Fohlen kann sich ein chronischer Durchfall entwickeln, wenn die Stute zuviel Milch hat. Es ist sinnvoll, die Milchversorgung durch entsprechende Maßnahmen einzuschränken oder solche Fohlen sogar frühzeitig zu entwöhnen.

Einen schweren Durchfall können Kolibakterien oder Salmonellen hervorrufen. Eine Darmentzündung kann auch durch Ansteckung mit Rotaviren oder Coronaviren verursacht werden. Zwergfadenwürmer können einen hartnäckigen gelblichen Durchfall beim drei bis sechs Wochen alten Fohlen hervorrufen. Larven, die im Euter vorhanden sind, können das Fohlen über die Milch schon vier Tage nach der Geburt anstecken. Unter für sie günstigen Bedingungen können die Larven das Fohlen ebenso durch die Haut infizieren. Abgesehen von seiner vorübergehenden Wanderschaft kann dieser Wurm nur sehr wenig Unheil anrichten; schwere Infektionen können allerdings zu einem chronischen Durchfall und zu Gewichtsverlust führen.

Die durch Flüssigkeits- und Appetitverlust verursachte Austrocknung ist der problematischste Faktor und sollte durch die Verabreichung von Elektrolyten behoben werden. In leichten Fällen können sie ins Maul eingeflößt, in schwereren Fällen intravenös injiziert werden. Sind die Erreger ermittelt, sollten die notwendigen Antibiotika gegeben werden. Eine Infektion mit Zwergfadenwürmern kann mit den Wurmmitteln Thibenzole® oder Ivomec® behandelt werden.

Eitrige Gelenkerkrankungen
(Spätlähme)

Diese Erkrankungen treten in den ersten drei Lebensmonaten auf und sind eine übliche Folge einer Entzündung. Der Erreger gelangt immer über die Nabelschnur in den Körper und verursacht einen Abszeß. Von diesem Infektionsherd aus verbreiten sich die Bakterien und siedeln sich in einem oder mehreren Gelenken oder Sehnenscheiden an.

Erstes Anzeichen einer Gelenkerkrankung ist Lahmheit. Das Gelenk wird heiß und schmerzt, die Körpertemperatur steigt auf zwischen 38,5 °C und 41 °C an. Das Fohlen saugt gewöhnlich nicht mehr. Die Behandlung einer solchen Erkrankung hat unmittelbar einzusetzen; eine Verzögerung bedeutet, daß der Schaden an Gelenkflächen und Knochen nicht wiedergutzumachen ist. Eine ausgedehnte Kur mit einem wirksamen Antibiotikum, die frühzeitig eingeleitet wird, ist für eine Heilung notwendig. Das betroffene Gelenk wird in Vollnarkose sorgfältig ausgespült mit einer antibiotikahaltigen Kochsalzlösung. Auch bei sofortiger, energischer Behandlung sind die Aussichten oft schlecht. Viele Fälle enden mit einer chronischen Lahmheit.

Entwicklungsfehler

Fohlen können mit einer Reihe von Mißbildungen geboren werden. Einige sind so schlimm, daß das Fohlen stirbt oder getötet werden muß. Nicht so ernsthaft, aber sehr häufig sind die verschiedenen Abnormitäten der Gliedmaßengelenke. Diese kann man in zwei Gruppen unterteilen. Zum ersten in solche, bei denen diese Gelenke übermäßig gebeugt sind. Meist ist das Fesselgelenk betroffen. Die überwiegende Zahl der Fälle heilt von allein, wenn die Fohlen kräftiger werden und sich mehr bewegen. Schwere Fälle müssen geschient werden. In der zweiten Gruppe sind die Gliedmaßengelenke gestreckt. Wiederum ist meist das Fesselgelenk betroffen. Im allgemeinen bessert sich der Zustand, wenn die Fohlen älter werden.

Darmpechverhaltung

Das Darmpech ist die Kotmasse, die sich im Darm des Fohlens angesammelt hat, während es ausgetragen wurde. Fohlen, insbesondere große Hengstfohlen, haben manchmal Schwierigkeiten, das Darmpech abzusetzen. Es ist von blauschwarzer Farbe und ziemlich hart. Normalerweise geht es in den ersten 48 Stunden nach der Geburt ab.

Erstes Anzeichen für Darmpechverhalten ist generell Unbehagen. Das Fohlen schlägt mit dem Schweif und legt sich immer öfter nieder, blickt sich nach seinen Flanken um und ist angespannt. Oft findet man das Fohlen in einer mißlichen Lage auf dem Rücken vor, die Vorderbeine hat es über dem Kopf gefaltet. Die Behandlung besteht aus der Verabreichung flüssigen Paraffins ins Maul oder per Klistier. Als letzte Rettung kann das Darmpech chirurgisch entfernt werden.

Erkrankungen des Saugfohlens

Spulwurmbefall

Der Spulwurm ist ein großer, langer (20 cm) weißer Wurm, der in den Eingeweiden des Fohlens lebt. Die erwachsenen Würmer können eine große Menge ansteckungsfähiger Eier legen. Diese verunreinigen die Weide und können, falls die Kotablagerungen nicht regelmäßig entfernt werden, die dafür empfänglichen Fohlen mit einer erheblichen Wurmbürde belasten.

Sind die Eier vom Fohlen mit dem Weidegras gefressen worden und haben sie den Darm erreicht, schlüpfen die Larven aus und dringen durch die Darmwände zur Leber vor. Nach mehrtägigem Aufenthalt in der Leber setzen die Larven ihren Weg zu den Lungen fort, werden hochgehustet und wieder abgeschluckt. Im vorderen Teil des Dünndarms entwickeln die Larven sich dann zum adulten Wurm weiter. Nach acht bis zehn Wochen sind sie ausgereift und können ihrerseits wieder Eier legen.

Entwickeln sich viele Würmer im Dünndarm, dann verliert das Fohlen seinen Appetit, es wird träge und lethargisch. Eher selten kommt es vor, daß der Darm einreißt oder daß eine Anschoppung und damit eine Kolik durch die große Zahl der Larven verursacht wird.

Zwei Wochen vor dem Geburtstermin sollte die Stute entwurmt werden, um das Risiko einer Infektion in der frühen Phase des neugeborenen Lebens zu vermindern. Hinterhand und Euter der Stute sollten nach dem Gebären sorgfältig gewaschen werden.

Notwendig ist eine regelmäßige Entwurmung des Fohlens. Sie sollte alle vier oder sechs Wochen stattfinden, bis das Fohlen ein Alter von neun Monaten erreicht hat.

Der Lebenszyklus des Spulwurms

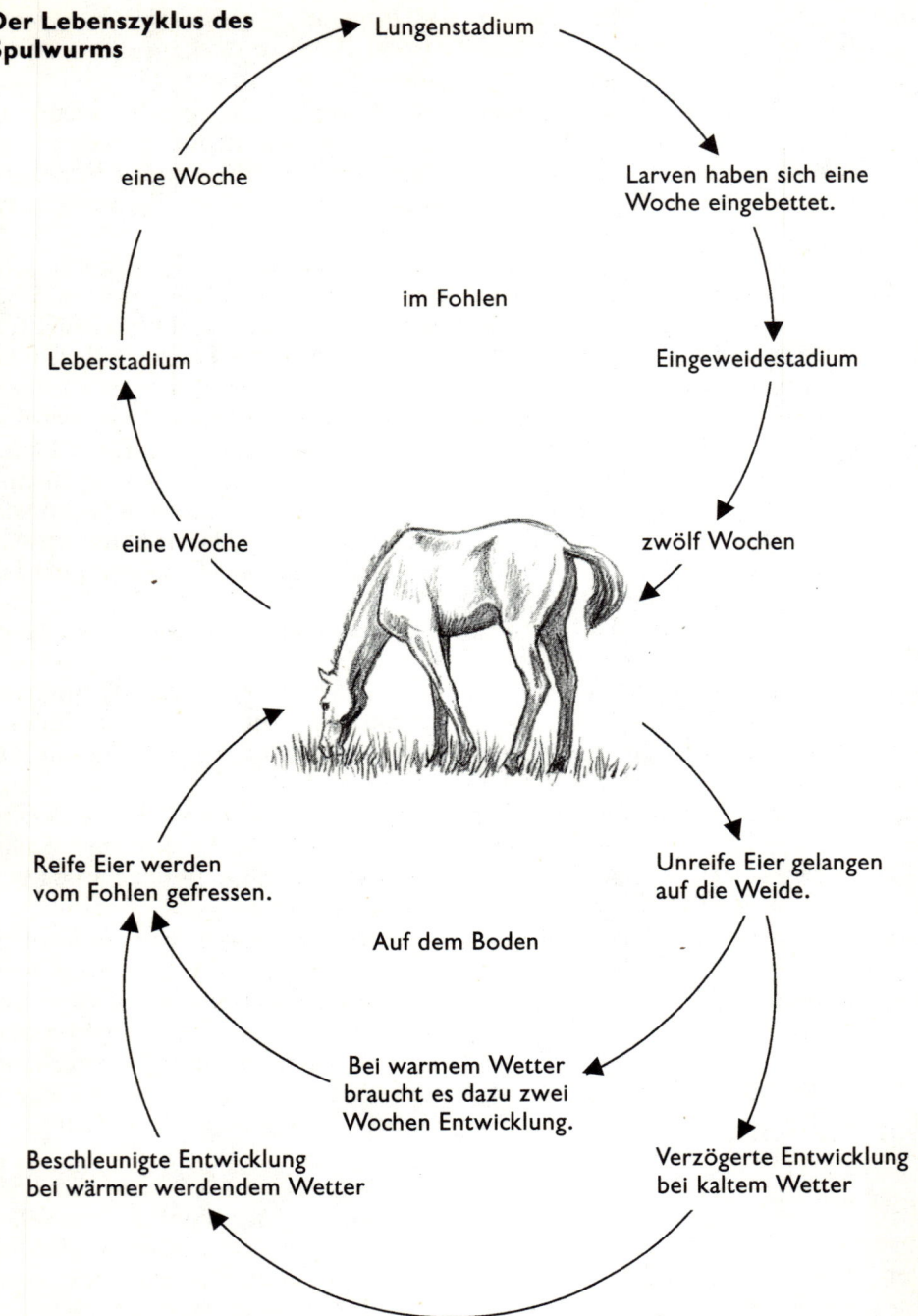

Lungenstadium

eine Woche

Larven haben sich eine Woche eingebettet.

im Fohlen

Leberstadium

Eingeweidestadium

eine Woche

zwölf Wochen

Reife Eier werden vom Fohlen gefressen.

Unreife Eier gelangen auf die Weide.

Auf dem Boden

Bei warmem Wetter braucht es dazu zwei Wochen Entwicklung.

Beschleunigte Entwicklung bei wärmer werdendem Wetter

Verzögerte Entwicklung bei kaltem Wetter

Tyzzer'sche Krankheit
(Tyzzer's Disease)

Diese seltene Krankheit befällt Fohlen im Alter von etwa sechs Wochen. Verursacht wird sie durch einen Erreger namens *Bacillus piliformis*, der die Leber angreift und zu einer akuten Leberentzündung führt. Es handelt sich um eine akute Erkrankung, die im allgemeinen nach kurzer Krankheit von ein oder zwei Tagen zum Tod führt. Das Fohlen zeigt eine schwere Depression gefolgt von Kollaps, Zuckungen, Koma und Tod. Eine Behandlung gibt es nicht.

Immunschwäche bei Araberfohlen
(Combined Immunodeficiency Disease [CID])

Diese Erkrankung tritt nur bei Araberfohlen auf. Sie bezeichnet die Unfähigkeit, Abwehrstoffe gegen alle möglichen Krankheiten zu entwikkeln. Fällt die von der Mutterstute mitgegebene Immunität ab, wird das Fohlen empfänglich für eine Vielzahl von Erkrankungen, von denen die vom Adenovirus verursachte Lungenentzündung die schwerste ist. Dieser Immundefekt wird durch Vererbung weitergegeben und hat rezessiven Charakter. Es gibt keine Heilung, und die meisten Fohlen sterben infolge wiederholter Attacken von Infektionen des Atmungsapparates.

Unterentwicklung des Gehirns

Dies ist eine weitere Erkrankung von Araberfohlen oder Fohlen mit Araberblut. Sie wird verursacht durch eine Degeneration der Zellen im Kleinhirn. Ein allmählicher Gleichgewichtsverlust tritt auf, der im allgemeinen bei den Hintergliedmaßen beginnt und schnell zu einer vollständigen Bewegungsstörung führt. Die Vordergliedmaßen zeigen einen übertrieben hohen, steppenden Gang, und dazu nickt der Kopf in einer typischen, fast zuckenden Bewegung. Die Häufigkeit der Attacken nimmt so lange zu, bis sich das Fohlen schließlich hinlegt. Eine Heilung gibt es nicht.

Erkrankungen des Jährlings

Wundstarrkrampf *(Tetanus)*

Der Wundstarrkrampf wird verursacht durch ein Bakterium namens *Clostridium tetani*, dessen Sporen in der Erde über Jahre lebensfähig bleiben können. Gelangen Keime in eine offene Wunde, dann vermehren sie sich. Diese Bakterien produzieren ein Gift, das entlang den Nervenbahnen zum Gehirn wandert. Tetanus kann sich in einem Pferd entwickeln, bei dem keine offensichtliche Wunde gefunden wird. Man nimmt an, daß in solchen Fällen die Keime in einer kleinen Wunde der Eingeweide wachsen.

Häufigstes Symptom ist ein Vorfall der Nickhaut, die sich besonders schnell bewegt, wenn sich das Pferd erregt. Die Muskeln von Schweif und Ohren werden steif: Die Schweifrübe steht vom Körper ab, und die Ohrmuscheln sind aufgerichtet. Ein ängstlicher Ausdruck erscheint auf dem Gesicht des Pferdes, weil die Muskeln des Mauls sich verkrampfen. Schreitet die Erkrankung fort, werden die Beine paralysiert. Die Fortbewegung ist stelzend. Zum Schluß ist eine sägebockartige Stellung zu beobachten: Das Fohlen kann seine Beine nicht mehr bewegen. Die zunehmende Lähmung führt zum Niederlegen, Versagen der für die Atmung verantwortlichen Muskeln und Tod.

Absolute Stille ist notwendig, da jede Aufregung eine Welle von Zuckungen auslöst. Das Pferd sollte in eine verdunkelte Box gebracht werden. Geräusche müssen auf ein Minimum reduziert werden. Besuche sind nicht angebracht. Es ist wichtig, die Wunde sorgfältig zu säubern und ein entsprechendes antibakterielles Medikament zu verabreichen. Wundstarrkrampf kann geheilt werden, wenn er in sehr frühem Stadium entdeckt wird. Gegengifte werden gegeben, um die Gifte zu neutralisieren; da das meiste Gift im Gehirn und im Rückenmark zu finden ist, werden die Gegengifte in den Rückenmarkkanal injiziert. Beruhigungsmittel erlauben dem Pferd zu fressen und zu saufen, antibiotische Mittel töten die Bakterien.

Wackelkrankheit
(Wobbler-Syndrom, Ataxie)

Diese Erkrankung verursacht zunehmende Schwäche in den Hintergliedmaßen. Sie entsteht durch eine Verengung des Rückenmarkkanals und ist vorwiegend bei jungen, männlichen Vollblütern zu beobachten. Zu den Symptomen gehört der Verlust der Kontrolle über die Hinterhand, was sich besonders im Schritt und in Wendungen bemerkbar macht. Leichtere Fälle gesunden mit der Zeit.

Hauterkrankungen

Infektionen der Haut
Mauke und Raspe

Ein Bakterium namens *Dermato-philus congolensis* ist sowohl für Mauke wie Raspe verantwortlich.

Raspe entwickelt sich im Winter bei nassem Wetter, wenn das Fell der Pferde lang ist. Der Erreger vermehrt sich bei feuchtwarmen Bedingungen unter dem Haar und schädigt die Oberfläche der Haut. Große Mengen von Serum treten aus der wunden Haut aus, verkleben das Fell und bilden krustigen Schorf. Eine mikroskopische Untersuchung der feuchten Unterseite des Schorfs zeigt die typische vernetzte Ausbreitung der Keime.

Mauke gedeiht unter matschigen, nassen Bedingungen. Die schabende Wirkung von Schlammpartikeln auf trockener Haut verursacht kleine Risse, in denen sich der Erreger ansiedeln kann. Schnell entzünden sich die geschwollenen Wunden. Die Ekzeme der Mauke entwickeln sich zuerst in der Fesselbeuge. Weißes Haar scheint besonders anfällig zu sein.

Mauke und Raspe werden auf dieselbe Weise behandelt. Das Bakterium *Dermatophilus* gedeiht unter feuchten Bedingungen. Darum müssen die betroffenen Bereiche trocken gehalten werden. Der aus verklebtem Haar bestehende Schorf muß sehr sanft und vorsichtig entfernt werden, damit die wunden Stellen mit einer antibiotischen Salbe bestrichen werden können. Ernste Fälle müssen bei beiden Erkrankungen einer systematischen Behandlung mit Antibiotika unterzogen werden.

Hautpilz

Hautpilzerkrankungen werden verursacht durch verschiedene Pilze, von denen *Trychophyton* und *Microsporum* die häufigsten sind. Das Pferd wird entweder durch ein anderes Pferd angesteckt oder indirekt durch verunreinigte Ausrüstung, Decken oder Bürsten. Wenn der Pilz auf der Haut wächst, produziert er kleine Sporen, die sich auf andere Körperteile ausbreiten, entweder beim Putzen oder durch Reibung von Ausrüstung oder Decken. Hier bilden sich schnell weitere Infektionsherde, die sich zu den typischen Hautveränderungen der **Ringflechte** entwickeln — runde, schorfige Ringe im Sattelgurtbereich, unter dem Sattel oder entlang dem Rand der Satteldecke.

Das Pilzmittel Griseofulvin wirkt

gut gegen den *Trichophyton*, weniger gut gegen *Microsporum*. Zur Behandlung wird das Präparat eine Woche lang täglich gegeben. Griseofulvin konzentriert sich in der Haut und hindert den Pilz zu wachsen. Ein anderes Antibiotikum namens Natamycin wirkt ebenfalls gegen die Ringflechte. Mit ihm wird die Haut gewaschen. Der ganze Körper sollte in diese Waschung einbezogen werden, damit auch unentdeckte Verletzungen behandelt werden. Diese Prozedur sollte im Abstand von vier Tagen zumindest dreimal wiederholt werden.

Furunkel

Diese werden im allgemeinen verursacht durch ein Bakterium namens *Staphylococcus*. Kleine Beulen erscheinen in der Haut. Sie entzünden sich und platzen. Dabei tritt zähflüssiger Eiter aus, der das Fell verklebt. Der Bereich muß gebadet werden, damit der Abszeß reift und aufbricht. Dann

Zwei Sorten Läuse: Die einen saugen, die anderen beißen.

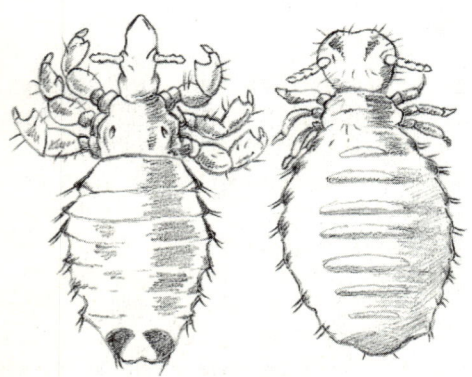

sollte eine antibiotische oder antiseptische Salbe aufgetragen werden. Treten mehrere Fisteln auf, sollten sie systematisch mit Antibiotika behandelt werden.

Parasitenerkrankungen
Läuse

Pferdeläuse, die beißen und blutsaugen, leben tief im Fell. Es handelt sich um kleine, aktive Lebewesen von etwa 2 mm Länge, die sich von Schuppen und Körpersäften ernähren.

Im kurzen Sommerfell ist der Befall nur gering, bei länger werdendem Haar im Winter pflanzen die Läuse sich fort und treten dann in großer Zahl auf.

Die Eier — im allgemeinen Sprachgebrauch auch Nissen genannt — werden auf dem Haar abgelegt und schlüpfen in zehn Tagen aus. Das Haarkleid an Schultern und Hals wird schnell dünn, weil sich die Pferde wegen des Juckreizes scheuern. Schwerer Befall kann zu Konditionsverlust infolge Blutarmut führen. Das Fell sollte eingestäubt werden mit einem Puder, das organische Phosphorverbindungen enthält. Dies muß nach vierzehn Tagen wiederholt werden, um die nächste Läusegeneration zu töten. Ivomec® bekämpft Läuse ebenfalls wirkungsvoll.

Milben

Die schuppenfressende Milbe *Chorioptes equi* infiziert die Rückseite des Fesselgelenks bei Pferden mit langem

Behang. Die Milbe lebt in und auf der Haut, verursacht Schorf und einen starken Juckreiz. Befallene Pferde stampfen dauernd mit den Hufen auf, um sich derart Erleichterung zu verschaffen. Die Waschung mit einem Präparat auf der Basis von organischen Phosphorverbindungen kann zeitweilige Linderung bewirken, eine dauerhafte Heilung ist nicht so leicht zu erzielen.

Die Herbstgrasmilbe verursacht nässende Wunden an den Fesseln von dünnhäutigen Pferden, vor allem von jungen Vollblütern. Diese Wunden entwickeln sich im späten Sommer, wenn die Milbe in großer Zahl auftritt. Die Wunden können behandelt werden durch wöchentlich zwei Waschungen mit einem Insektenvernichtungsmittel.

Nesselausschlag

Bei dieser Erkrankung erscheinen plötzlich feste, nicht schmerzhafte Knötchen auf der Haut von Hals oder Rücken. Man nimmt an, daß der Ausschlag eine allergische Reaktion darstellt, vielleicht auf die Wanderung von Parasiten (Larven). Manchmal verschwindet der Ausschlag von selbst. Ansonsten müssen die Knoten chirurgisch entfernt werden.

Tumore

Warzen

Kleine Gruppen von Beulen erscheinen auf der Haut von jungen Pferden. Die weiche Haut des Mauls und die Gegend unter dem Schweif sind besonders häufig betroffen. Warzen werden verursacht durch ein Virus, das wahrscheinlich durch unbedeutende Abschürfungen in die Haut gelangt. Die Angewohnheit junger Pferde, alle möglichen Gegenstände mit Hautkontakt zu beschnuppern, kann zu kleinen Hautwunden führen. Dies kann eine Ansteckung zur Folge haben und würde erklären, warum so häufig das Maul von Warzen befallen ist. Ihre Grenzen setzen die Warzen selbst. Sie erscheinen und verschwinden in Perioden von drei bis vier Monaten.

Knotige Neubildungen
(Equine Sarkoid)

Hierbei handelt es sich um lokal begrenzte Hauttumore, die sich nicht ausbreiten. Zuerst sehen sie wie eine Warze aus. Wenn sie wachsen, wird die Haut über dem Tumor dünn und zerfällt. Es entwickelt sich ein Geschwür. Der Erreger ist ein Virus. Man nimmt an, daß sich der Tumor entwickelt aufgrund einer früheren, nicht ausgebrochenen Infektion mit dem Virus, das die jugendlichen Warzen verursacht, oder mit jenem Virus, das für die Warzen bei Rindern verantwortlich ist. Die Tumore können sich überall auf dem Pferdekörper zeigen. Sie kommen einzeln, aber auch gehäuft vor. Selten verschwinden sie spontan. Sie sind schwer zu behandeln, weil sie nach chirurgischer Entfernung oft wieder auftreten.

Wenn es ihre Lage erlaubt, dann ist eine chirurgische Entfernung die einfachste Methode; allerdings erscheinen sie nach einer Operation in bis zu 50 Prozent aller Fälle wieder.

Erfolgreicher ist die Methode der Vereisung; dies geschieht mit flüssigem Stickstoff, der gesprüht oder mit einer Sonde eingebracht wird. Der vereiste Tumor löst sich ab, und die Heilung dauert zwischen drei und acht Wochen. In darauf spezialisierten Instituten wird auch Strahlentherapie angewandt. Radioaktive Substanzen werden dazu in den Tumor eingeführt. Der verschwindet allmählich innerhalb der nächsten sechs bis zwölf Monate. Diese Behandlungsmethode, die einen sehr gezielten Einsatz erlaubt, ist besonders angebracht bei Tumoren rings um das Auge.

Melanom

Diese Tumorart tritt im allgemeinen bei Schimmeln auf. Es handelt sich dabei um Geschwülste der Schwarzpigment erzeugenden Hautzellen. Sie können sich überall auf dem Körper entwickeln, am meisten betroffen ist jedoch der Bereich unterhalb der Schweifrübe. Häufig sind Tochtergeschwülste zu beobachten. Melanome erscheinen anfangs als kleine, feste, schwarze Knoten mit derselben Oberflächenbeschaffenheit wie die Haut. Normalerweise wachsen sie langsam, gelegentlich werden sie bösartig und breiten sich auf andere Teile des Körpers aus.

Diese Tumore sind nur chirurgisch zu behandeln. Sie haben jedoch nach ihrer scheinbaren Entfernung die Tendenz, sich auszubreiten.

Allergische Hautkrankheiten

Sommerekzem

Diese Erkrankung kann grundsätzlich alle Pferde befallen, sie tritt jedoch häufiger bei Ponys und verschiedenen Robustpferderassen auf. Wegen der Häufung in einzelnen Blutlinien geht man davon aus, daß die Anlage für diese Erkrankung vererbt wird. Eine Mücke namens *Culicoides pulicaris* ist die wahrscheinliche Ursache des Ekzems. Befallene Pferde entwickeln eine allergische Reaktion auf den Biß dieser Mücken. Der Schweregrad der durch die Krankheit hervorgerufenen Hautverletzungen hängt ab von der Zahl der vorhandenen Mücken, die ihre höchste Verbreitung im Juli und August haben. Die Verletzungen vermindern sich, wenn die Mückenpopulation im Herbst abnimmt.

Das Sommerekzem ist eine Hauterkrankung, von der Mähne, Widerrist und Schweifwurzel betroffen sind. Die Haut wird sehr schnell dick und füllt sich mit Flüssigkeit. Serum sickert aus den Pusteln, die sich auf der Haut bilden. Wegen des starken Juckreizes scheuert sich das Pferd, es verliert die Behaarung an den betroffenen Stellen, die Haut erscheint runzelig, zerfurcht und schuppig. Die Mähne kann vollständig verlorengehen, und der Schweif besteht nur noch aus ein paar dünnen Haaren.

Hat sich das Sommerekzem einmal entwickelt, dann besteht die erfolgreiche Behandlung einzig darin, die Mücke vom Beißen abzuhalten.

Dies kann geschehen, indem man das Pony tagsüber drinnen hält — was im Sommer praktisch kaum zu machen ist. Sprüht man das Pony alle zwei Wochen mit einer Lösung von synthetischem Insektenvernichter auf Pyrethrum-Basis ein — bei nassem Wetter wöchentlich —, kann das als alternative Methode nützlich sein. Die Hautverletzungen können mit lindernden Lotionen und entzündungshemmenden Präparaten behandelt werden. Dadurch wird die allergische Reaktion gemindert. Wenn die Mükken jedoch immer wieder beißen, ist eine dauerhafte Heilung ausgeschlossen.

Nesselfieber

Das Nesselfieber ist durch plötzliches Auftreten von Striemen auf der Haut gekennzeichnet. Diese Hauterhabenheiten entwickeln sich am Hals und an den Flanken und sind verbunden mit einer Schwellung von Maul, Ohren, Scham und Beinen. Nesselfieber ist das Symptom einer Reaktion des Pferdekörpers. Es tritt häufig auf bei einer plötzlichen Nahrungsumstellung, auf neues Gras im Frühling etwa. Sofortige Verabreichung eines antiallergischen Präparates durch intravenöse Injektion sorgt für schnelle Gesundung.

Vom Sommerekzem sind meist diese Bereiche befallen.

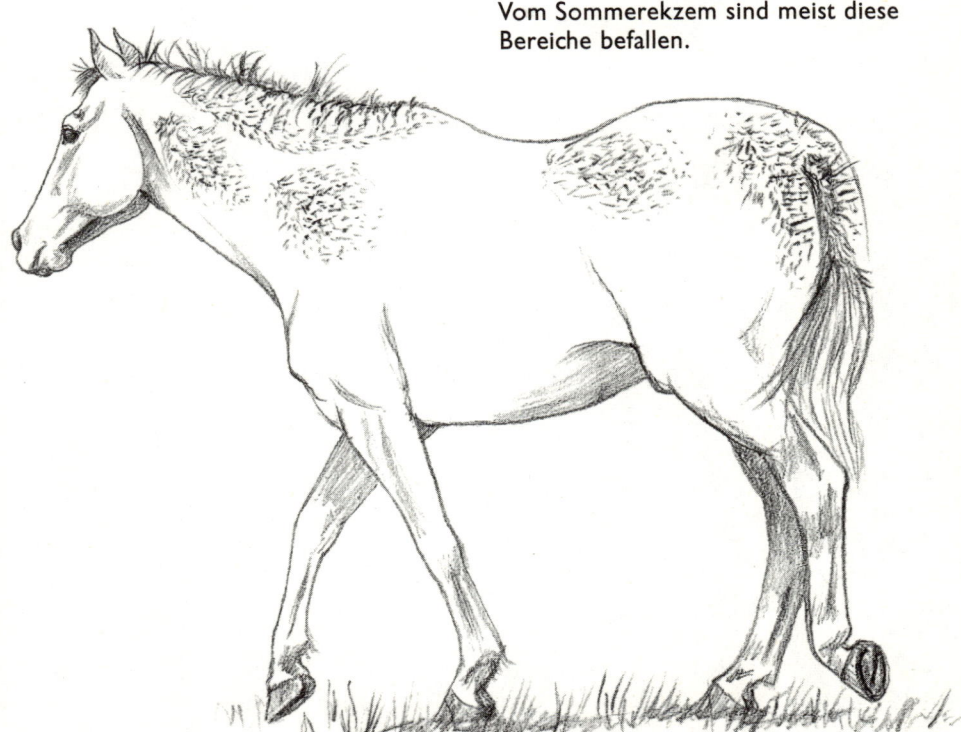

Photosensibilität

Photosensibilität ist eine Erkrankung jener Hautbereiche, die lichtempfindliche Substanzen enthalten. Diese Substanzen können im Futter (insbesondere Johanniskraut) gefunden werden oder sich in der Haut als Resultat einer fehlerhaften Funktion der Leber bilden.

Die Haut — insbesondere weiße oder haarlose Bereiche — reagiert auf Sonnenlicht, wird rot, verdickt und entzündet sich. Stirbt die Haut ab, wird sie hart und runzlig, schließlich löst sie sich ab.

Es ist nötig, das Pferd sofort in eine verdunkelte Box zu stellen, um weiteren Schaden zu verhindern. Kortison und antiallergische Injektionen vermindern die Hautschäden. Die betroffenen Bereiche der Haut sollten mit einer antiseptischen Salbe bestrichen werden.

Stoffwechselvergiftung

Botulismus

Botulismus wird verursacht durch das Fressen von Giften, die von einer Bakterie namens *Clostridium botulinum* produziert werden. Früher war dies eine seltene Erkrankung, seitdem jedoch Silage in großen Ballen angeliefert wird, ist sie häufiger geworden. Enthalten diese Ballen Gras von verseuchter Erde, besonders wenn diese einen hohen pH-Wert aufweist, kann der Erreger sich in der mitgepreßten Erde vermehren und Gifte produzieren.

Die ersten Krankheitsanzeichen erscheinen vier oder fünf Tage, nachdem das Pferd die Gifte gefressen hat. Das Pferd ist insgesamt schwach, hat Schwierigkeiten beim Fressen und Schlucken und kann schließlich gar nichts mehr aufnehmen. Es bewegt sich schlurfend, stolpernd und steht oft nur mit gesenktem Kopf da. Es stirbt an einer Lähmung des Atmungsapparates.

Nur leichtere Fälle überleben. Eine unterstützende Behandlung ist wichtig: Futter, Elektrolyte und flüssiges Paraffin sollten mit der Magensonde verabreicht werden. Eine Impfung gegen den Botulismus ist möglich.

Graskrankheit

Diese Krankheit betrifft den Verdauungstrakt und resultiert aus Veränderungen jener Nerven, die den Darm versorgen. Sie tritt sporadisch auf und konzentriert sich auf bestimmte Gegenden. In Deutschland ist sie sehr selten. Die Ursache ist unbekannt.

Ein Ausbruch der Graskrankheit endet immer tödlich. Sie kann akut verlaufen, wobei der Tod innerhalb weniger Tage eintritt, aber auch chronisch, wobei das Pferd noch bis zu drei Wochen leben kann. Der akute Fall weist Anzeichen von Kolik auf, Futterbestandteile fließen aus den Nüstern, und die Muskeln zittern ständig. Anfänglich kann Durchfall auftreten; bald jedoch ist der Verdauungstrakt gelähmt, kein Kot wird mehr abgesetzt. In den mehr chronischen Fällen folgt der Tod auf eine Periode allmählicher Funktionsverluste, dumpfen Bauchschmerzen und der Lähmung des Schlundes. Für diese Krankheit gibt es keine Heilung. Bei einer positiven Diagnose sollte das Pferd aus humanitären Erwägungen so schnell wie möglich getötet werden.

Erkrankungen der Zähne, Augen und Ohren

Die Zähne
Zahnverschleiß

Die Zähne des Pferdes wachsen vom ersten Lebenstag bis zum Tod, um den ständigen Verschleiß durchs Kauen auszugleichen. Ist der Verschleiß aus irgendeinem Grunde ungleichmäßig, werden die Zahnränder scharf, und es entwickeln sich Zahnhaken. Sie verhindern effizientes Kauen und verursachen starkes Un-behagen, insbesondere dann, wenn das Gebiß eingelegt wird.

Die frühen Anzeichen ungleichmä-ßig abgeschliffener Zähne sind kaum merkbar — das Fressen dauert länger, das Kauen bereitet Schwierigkeiten. Erhebliche Gegenwehr, wenn man das Maul berühren will, und Widerstand gegen das Gebiß sind häufige Signale. Ist der Zustand ernsthafter, dann läßt das Pferd Futterröllchen aus dem Maul fallen.

Abnutzung der Zähne

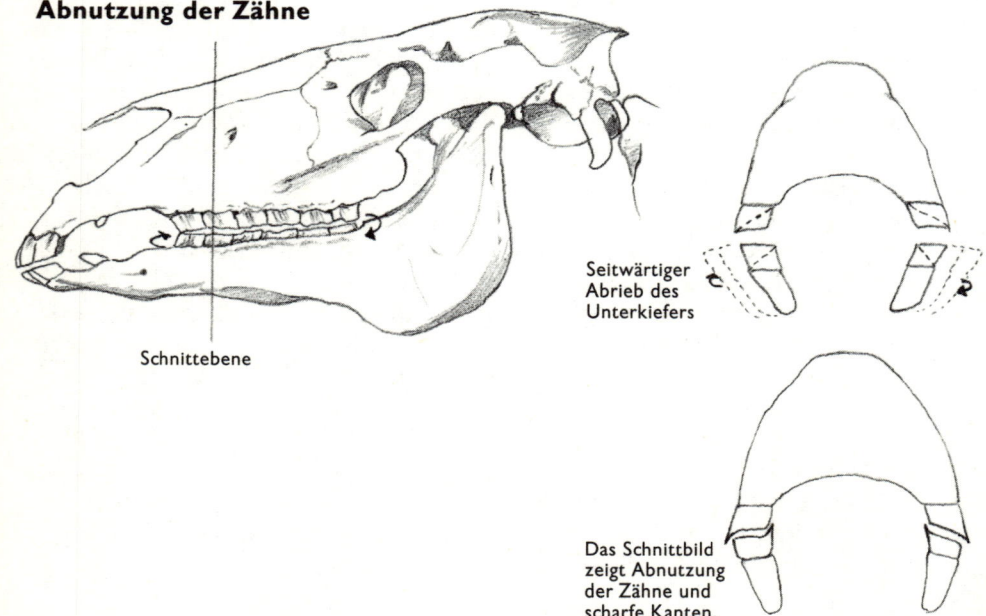

Schnittebene

Seitwärtiger Abrieb des Unterkiefers

Das Schnittbild zeigt Abnutzung der Zähne und scharfe Kanten.

Altersbestimmung beim Pferd anhand der Zähne

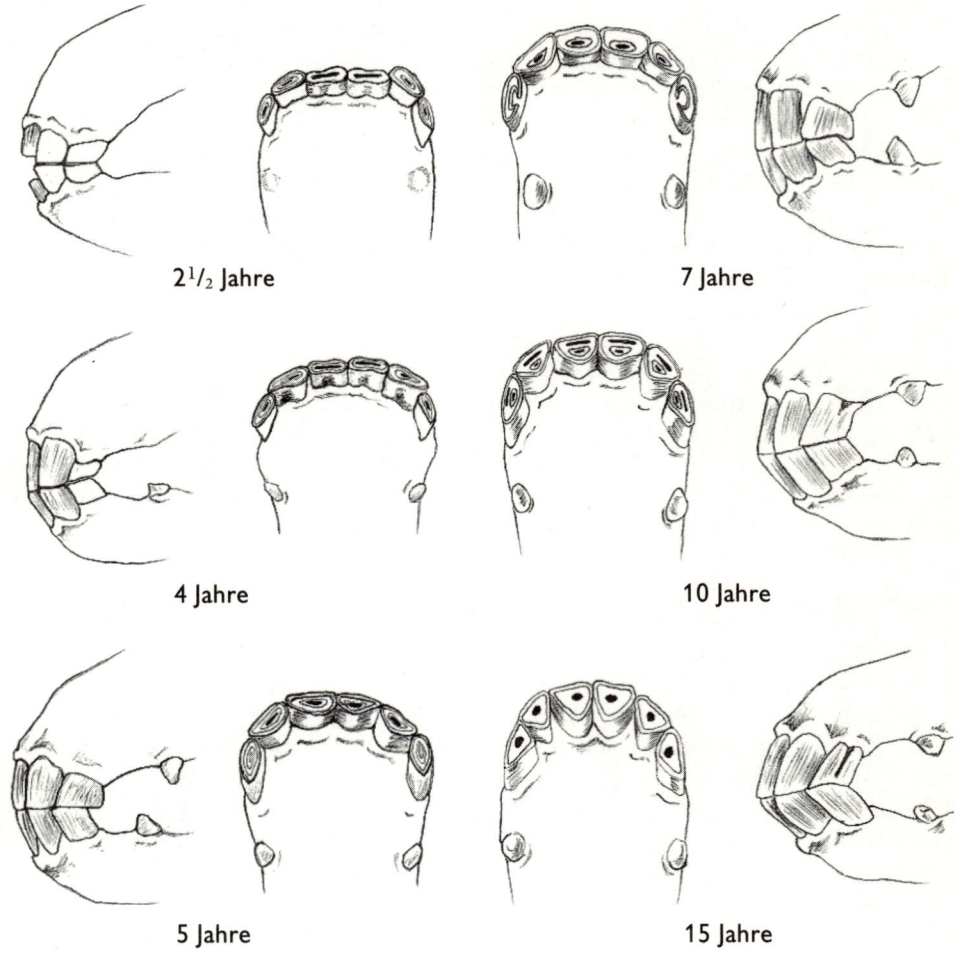

2¹/₂ Jahre   7 Jahre

4 Jahre   10 Jahre

5 Jahre   15 Jahre

Die Zähne sollten regelmäßig nachgesehen werden; die ideale Zeit dafür ist das Frühjahr – nach der Ernährung mit hartem Futter im Winter und vor dem Austreiben auf die Weide. Die Verwendung eines Maulgatters ist nötig bei der Untersuchung der Backenzähne. Scharfe und ungleichmäßig geformte Zahnränder müssen mit einer Zahnraspel geglättet werden. Große Haken oder erhabene Stellen können mit einer Zahnschere entfernt und dann mit der Raspel geglättet werden. Entgegen mancher Erwartung sträubt sich das Pferd nicht gegen diese Behandlung, und Zwangsmaßnahmen sind selten nötig.

Gaumenschwellung

Diese Erscheinung beunruhigt viele Pferdehalter. Man nimmt an, daß es sich dabei um eine Gewebeschwellung unmittelbar hinter den oberen Schneidezähnen handelt. Bei jungen Pferden ist das eine ganz normale Erscheinung, auch wenn sie häufiger auftritt bei Pferden in schlechter Kondition. Traditionell wurden barbarische Methoden angewendet, um die Schwellung zu entfernen. So wurde beispielsweise das Gewebe mit einem heißen Eisen weggebrannt. Eine Behandlung ist nicht nötig, da die Schwellung von selbst weggeht, wenn das Pferd älter wird oder sich seine Kondition verbessert.

Wolfszähne

Wolfszähne sind unter den Milchzähnen nie und als bleibende Zähne nicht immer vorhanden. Sie sind unmittelbar vor den oberen Backenzähnen zu finden. Sie verursachen beim Pferd keine Gesundheitsprobleme, aber werden oft als Grund für Gebißschwierigkeiten angesehen. Sie können leicht entfernt werden.

Die Augen
Bindehautentzündung

Bei dieser Erkrankung ist die Bindehaut, die Auskleidung des Auges, infiziert. Dies führt zu Entzündung und Rötung rings um den Augapfel. Verschiedene Erreger können die Ursache sein, es kann sich um eine Primärinfektion handeln, aber auch um eine Folgekrankheit nach einer mechanischen Beschädigung der Bindehaut. Eine entsprechende Augensalbe sollte ein- oder zweimal pro Tag angewendet werden.

Fehlerhafte Lidstellung

Diese Anomalie kann an einem oder an beiden Augen des neugeborenen Fohlens auftreten. Bei der Geburt sind die Augenlider derart eingedreht, daß sie auf der Hornhaut des Auges scheuern und eine Reizung verursachen. Für eine begrenzte Zeit kann das Augenlid derart genäht werden, daß der Lidrand wieder richtig steht. Dies reicht zur Korrektur normalerweise aus.

Periodische Augenentzündung

Hierbei handelt es sich um eine Entzündung des Augapfels und der Regenbogenhaut. Ihre Ursache ist unbekannt. Man nimmt an, daß sie eine übertriebene Abwehrreaktion auf den Ansturm vieler verschiedener Erreger darstellt. Bakterien (*Leptospira pomona*) und Larven eines Wurms (*Onchocerca*) könnten die Übeltäter sein. Da die periodische Augenentzündung in aller Regel immer wieder auftritt — häufig im Monatsrhythmus — heißt sie auch Mondblindheit.

Diese Erkrankung verursacht akute Augenschmerzen, die Pupillen ziehen sich zusammen, und die Augenlider bleiben fest geschlossen. Die Reaktion innerhalb des Auges kann ein Verkleben von Iris und Linse verursachen. Der hintere Teil des Auges

Das Auge

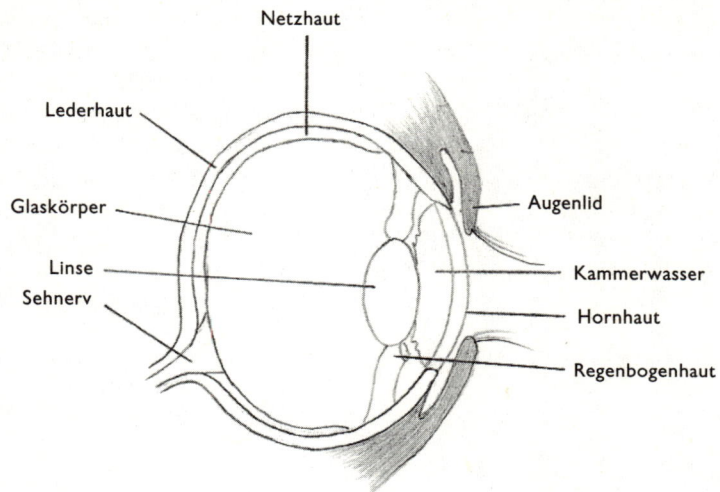

füllt sich mit einer grauen, entzündlichen Ausschwemmung. Mögliche Folge ist Erblindung. Eine lange und gründliche Behandlung mit entzündungshemmenden Mitteln ist notwendig, um die Erkrankung unter Kontrolle zu halten.

Grauer Star

Beim Grauen Star handelt es sich um eine Trübung der Linse. Wird ein junges Pferd von unter einem Jahr vom Grauen Star befallen, kann man davon ausgehen, daß es sich um einen angeborenen Defekt handelt. Ein Auge oder beide Augen können betroffen sein. Das Ausmaß variiert von einer punktförmigen bis zu einer umfänglichen Trübung. Die letztere verursacht Blindheit. Grauer Star im Alter ist selten bei Pferden und gewöhnlich Folge einer periodischen Augenentzündung oder eines mechanischen Schadens, den sich das Tier beim Sturz in einem Rennen oder in einer Springprüfung zugezogen hat. Die Entfernung der betroffenen Linse kann einen Teil des Augenlichts wiederherstellen. Dieses Verfahren ist besonders erfolgreich, wenn es sich um Fohlen von weniger als sechs Monaten handelt.

Die Ohren
Ausschlag im Ohr

Hierbei erscheinen weiße, krustige Bereiche auf der Haut innerhalb des Ohres. Die Ursache ist unbekannt. Es könnte sein, daß es sich um eine Reaktion auf dauernde Bisse von kleinen Mücken in den Sommermonaten handelt. Einige Pferde leisten Widerstand, wenn sich die Hand dem Ohr nähert, in der Mehrzahl aller Fälle steht das kosmetische Problem im Vordergrund. Die Anwendung entzündungshemmender Salben kann helfen, im allgemeinen bringt eine Behandlung nichts.

Milben

Die Saugmilben *(Psoroptes equi)* können den Gehörgang infizieren, wo sie eine starke Reizung verursachen. Befallene Pferde werden kopfscheu, sie lassen niemand an ihre Ohren heran. Diese Milben sind auch einer der Gründe für das ständige Kopfschlagen mancher Pferde *(head shaking syndrom)*. Eine Behandlung mit Präparaten, die gechlorten Wasserstoff (sehr umweltschädlich) enthalten, wirkt sehr gut gegen die Milben.

Verhaltensstörungen

Krippensetzen und Koppen

Hierbei handelt es sich um Probleme des domestizierten Pferdes; man kennt sie z. B. bei wildlebenden Ponys nicht. Das Krippensetzen ist eine Aktion, bei der das Pferd einen festen Gegenstand mit den Zähnen ergreift und daran zieht. Dabei wölbt es seinen Hals auf. Schluckt es zur selben Zeit auch noch Luft – häufig mit einem hörbaren Grunzen verbunden –, dann koppt es. Manche Pferde koppen auch, ohne aufzusetzen (Luftkopper).

Die Ursache dieser Untugenden ist unbekannt – sie haben sicher zu tun mit dem von der Stallhaltung ausgehenden Streß. Geübte Krippensetzer und Kopper lassen sich von diesen Unarten freilich auch auf der Weide nicht abhalten. Möglicherweise entwickeln sich Krippensetzen und Koppen als Ersatz für das Weiden. Das natürliche Bestreben des Pferdes ist es, den ganzen Tag im Wechsel grasend und ruhend zu verbringen – die Empfindung, die ein leerer Magen auslöst, ist ihm gänzlich fremd. Vielleicht entwickeln manche Pferde diese Unarten nur, um ein derartiges Hungergefühl nicht aufkommen zu lassen.

Im allgemeinen verspricht eine Behandlung keinen Erfolg. Chirurgisch werden gelegentlich Teile der Halsnerven und -muskeln entfernt, um die für das Koppen notwendige Aufwölbung zu verhindern. Auf kurze Sicht hat dies einige Wirkung; in den meisten Fällen kehrt die Unart jedoch wieder, wenn das Pferd in die gewohnte Umgebung zurückkehrt. Das Auflegen eines Kopperriemens hat denselben Effekt.

Allgemein akzeptierte Methoden, ein Aufsetzen zu verhindern, sind das Abrunden vorstehender Gegenstände und das Bestreichen mit unangenehm riechenden Substanzen. Dies ist freilich eher eine Ersatzhandlung des Pferdehalters, als daß sie gegen die Untugend des Pferdes hilft: Das Pferd ist einfallsreich genug, immer neue Gegenstände zu finden, auf denen es aufsetzen kann. Es ist sehr sinnvoll, diese Untugenden schon bei der Entstehung zu bekämpfen. Am meisten verspricht die Methode, die Freßzeit zu verlängern, indem man es dem Pferd schwerer macht, ans Heu zu gelangen, und indem man vielleicht auf Konzentrate übergeht, die ein größeres Volumen als die traditionell gefütterten Getreidesorten haben.

Weben

Bei dieser Untugend treten die Pferde ständig von einem Vorderbein aufs andere. Dabei pendeln sie mit Kopf und Hals oft über der unteren Hälfte der geteilten Stalltür, aber auch innerhalb der Box. Die Intensität dieses Schaukelns nimmt oft zu, wenn im Stall etwas vor sich geht, der Beginn der Fütterung etwa. Das Weben ist möglicherweise eine Reaktion auf zuviel Langeweile. Der Einsatz von Streben in der Tür kann die Seitwärtsbewegungen unterbinden. Der Weber tritt dann aber meist in die Box zurück, um seiner Unart zu frönen.

Kopfschlagen *(Head Shaking)*

Diese Unart kann viele Gründe haben und sollte eher als komplexes Problem denn als isolierte Erscheinung betrachtet werden. Der Kopf wird auf unkontrollierte Weise hoch- und heruntergeschlagen. Auf der Weide kann man das Kopfschlagen selten beobachten, häufiger kommt es vor, wenn das Pferd geritten wird. Die Bewegung kann so heftig sein, daß das Pferd nicht mehr zu reiten ist.

Das Kopfschlagen tritt vor allem bei warmem, schwülem Wetter auf, auch bei starker Sonneneinstrahlung. Ursache ist gewiß die intensive Reizung irgendeines Kopfbereichs.

Die Reizung könnte ausgelöst sein von Milben im Gehörgang oder durch ein Kopfhöhlenproblem. Der wahrscheinlichere Grund ist eine allergische Reaktion auf irgendeine Substanz in den Sommermonaten, die Pollen von Gräsern oder Bäumen etwa.

Da die Behandlung mit entzündungshemmenden Mitteln bisher kaum Erfolge brachte, sind sogar schon chirurgische Maßnahmen versucht worden. Man hat die zu den Nüstern führenden Nerven durchtrennt, so daß in diesem Bereich kein Gefühl mehr vorhanden war. Dies verbesserte den Zustand, bedeutete aber, daß das Pferd mit den Nüstern nichts mehr erfühlen konnte und in der Nacht weitgehend die Orientierung verlor. Ein solcher Eingriff ist deshalb wohl nur als allerletzte Notmaßnahme zu rechtfertigen, wenn dem Pferd auf keine andere Weise zu helfen ist.

In vielen Fällen handelt es sich beim Kopfschlagen allerdings einfach um die unwillige Reaktion auf eine zu harte oder instabile Zügeleinwirkung.

Wunden und Erste Hilfe

Erste-Hilfe-Ausrüstung

Wegen seines eingeschränkten Gesichtsfeldes, seiner überraschenden Unbeholfenheit in engen Räumen und seiner Neigung, bei tatsächlicher oder eingebildeter Gefahr unkontrolliert zu fliehen, verletzt sich das Pferd sehr häufig selbst.

Alle Pferdehalter sollten darum in der Lage sein, wirksame Erste Hilfe zu leisten. Nötig ist dazu eine Erste-Hilfe-Ausrüstung, die folgendes enthalten sollte:

- Drei oder vier 7,5 cm oder 10 cm breite, elastische Bandagen, die sich den Gliedmaßen anpassen.
- Verbandswatte und Tupfer
- Einen Verbandstoff, mit dem ein Breiumschlag hergestellt werden kann. Es handelt sich um einen trockenen Verband, der vor Gebrauch in heißem Wasser getränkt wird. Dieses Material ist sehr nützlich beim Säubern eines aufgeschlagenen Vorderfußwurzelgelenks etwa.
- Gelpackungen für Kälte- und Wärmebehandlung. Diese Packung kann erhitzt oder eisgekühlt werden und hält ihre Temperatur für einige Zeit.
- Scheren, Sicherheitsnadeln und ein Thermometer.
- Antibiotisches oder antiseptisches Wundpuder. Wenn Ihr Pferd keine Angst hat vor dem Zischen von Aerosolspray, dann ist dies sehr nützlich, um kleinere Wunden zu behandeln.
- Pflaster, um die Verbände festzuhalten. Elastoplast oder selbstklebende Bandagen wie Vet-Rap leisten gute Dienste. Pflaster zum Herstellen von Druckverbänden sind zu empfehlen, wenn es um das Verbinden von Gelenken geht.
- Eine kleine Flasche mit einem Desinfektionsmittel. Braunol z. B., hat sowohl desinfizierende als auch antiseptische Eigenschaften.
- Baumwolltücher
- Einen sauberen Eimer.

Bandagieren des Fesselkopfgelenkes

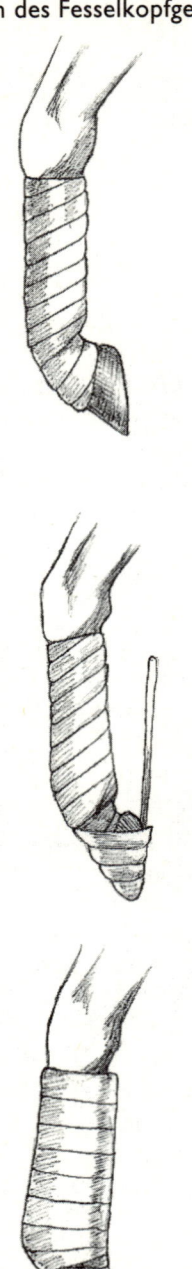

Erste Hilfe bei Wunden

Bei der Behandlung von Wunden muß zuerst die Blutung gestoppt werden. Das gelingt am besten durch Druck auf die Wunde mit einem Gazetupfer. Je mehr Blut austritt, um so größer müssen Tupfer und Druck sein. Der Tupfer sollte etwa 30 Minuten mit einem festen Pflasterverband auf der Wunde bleiben. Das Pferd ist in einem ruhigen Stall unterzubringen.

Ist die Blutung gestoppt, dann sollten kleinere Wunden — bis zu zwei Zentimeter lang — sorgfältig gereinigt werden.

Verunreinigungen wie Gras, Schmutz oder Steinchen sind zu entfernen. Anschließend wird eine antibiotische Salbe aufgetragen. Die meisten Wunden dieser Art können unbedeckt bleiben. Größere Wunden können ein Eingreifen des Tierarztes nötig machen. Viele heilen besser, wenn sie genäht werden.

Schrammen und Abschürfungen — bei aufgeschlagenen Vorderfußwurzelgelenken etwa — bluten meist nicht, sind aber oft stark verunreinigt mit Schmutz und kleinen Steinchen. Diese sollten entfernt werden mit klarem, über die Wunde rinnendem Wasser. Anschließend wird ein feuchter Verband aufgelegt. Er ist alle zwei Tage zu erneuern, bis die Wunde sauber aussieht und zu heilen beginnt. Dann sollte ein trockener Verband angelegt werden, der abgenommen werden kann, wenn der Heilungsprozeß gut fortgeschritten ist.

Quetschungen und Stauchungen erfordern eine sofortige Kältebehandlung, entweder in Form einer Kältepackung oder durch Angießen mit kaltem Wasser. Später können heiße und kalte Umschläge im Wechsel die Schwellung verkleinern und die Heilung fördern.

Offene Wunden müssen gesäubert werden, wegen der unausweichlichen Entzündung ist jedoch der Tierarzt zu holen. Bei diesen Wunden ist es außerdem wichtig, für einen angemessenen Schutz gegen Tetanus zu sorgen.

Erste Hilfe bei Sehnenverletzungen

Häufigste Verletzung ist die Sehnenzerrung, bei der einzelne Sehnenfasern aufgrund starker Gewalteinwirkung zerreißen. Dadurch bildet sich in der Sehne sofort eine Schwellung, die ihrerseits weiteren Schaden verursachen kann. Die meistbetroffenen Sehnen sind die Beugesehnen der vorderen Gliedmaßen.

Die unmittelbar einzuleitende Erste Hilfe besteht aus Kältezufuhr zur Verkleinerung der Schwellung. Dies gelingt am besten mit einer Eispak-kung, kaltem Wasser oder speziellem Verbandmaterial. Das verletzte Bein sollte mit einer festen Bandage unterstützt werden, bis der Tierarzt eintrifft.

Erste Hilfe bei Brüchen

Es ist wichtig, den Bruch so gut wie möglich ruhigzustellen, bis professionelle Hilfe eintrifft. Versuchen Sie, jede Bewegung des Pferdes zu verhindern, wirken Sie beruhigend auf das Tier ein, und halten Sie Zuschauer fern: Diese können nicht helfen und regen das Pferd oft nur auf. Brüche unten an den Gliedmaßen können mit vielen Kissen und Polstern geschient werden, die mit einer festen Bandage gesichert werden. Ein Stück Dachrinne aus Plastik kann zur Unterstützung gute Dienste leisten, aber nur selten ist Material zum Schienen dort vorhanden, wo sich das Pferd ein Bein bricht, und darum ist es wahrscheinlich am besten, sich auf eine Beruhigung des Pferdes zu konzentrieren. Medikamente zur Beruhigung sind meist nicht angebracht.

Anhang

Normalwerte

Parameter	Im Schnitt	Schwankung von—bis
Atemzüge pro Minute	10	6—18
Herzschläge pro Minute	42	28—64
Temperatur in Celsius	37,9	± 0,3
Blutmenge in Liter	35	27—46
Zahl der roten Blutkörperchen pro Liter bei Vollblütern im Training	$9 (\times 10^{12})$	$7—11 (\times 10^{12})$
Zahl der roten Blutkörperchen pro Liter bei Warmblütern	$7,5 (\times 10^{12})$	$6—10,5 (\times 10^{12})$
Hämoglobin (Gramm pro Deziliter) bei Vollblütern im Training	14	11—17,5
Hämoglobin (Gramm pro Deziliter) bei Warmblütern	11	9—15,5
Weiße Blutkörperchen pro Liter	$9 (\times 10^{9})$	$5,5—12 (\times 10^{9})$
Neutrophilen pro Liter	$5,5 (\times 10^{9})$	$2,5—7,5 (\times 10^{9})$
Lymphozyten pro Liter	$3,5 (\times 10^{9})$	$1,5—5,5 (\times 10^{9})$
Kot (Kilogramm pro Tag)	17,5	10—30
Urin (Liter pro Tag)	5	3—9

Altersbestimmung

Das Pferd wechselt die Vorderzähne in regelmäßigen Abständen von der Geburt bis zu dem Tag, an dem es ausgewachsen ist. Anhand dieses Zahnwechsels ist es nur bis zum siebten Lebensjahr möglich, das Alter genau zu bestimmen. Danach erlauben die allmähliche Abnutzung und die Veränderung des Zahnbildes nur Schätzungen, die aufgrund individueller Unterschiede allein eine annähernde Genauigkeit möglich machen (siehe Abbildung Seite 87).

Giftige Pflanzen und Chemikalien

Pflanzen

Giftige Pflanzen nimmt das Pferd im allgemeinen nur auf karger Weide auf oder wenn es erstmals auf eine neue Weide getrieben wird (siehe auch Seite 36/37).

Die Zaunrübe, das Bingelkraut, Hahnenfuß und Eicheln können allesamt Unwohlsein und Durchfall verursachen. Schierling und verschiedene Nachtschattengewächse wie die Tollkirsche sorgen für Bauchschmerzen, nervöse Symptome und für zunehmende Niedergeschlagenheit.

Die Eibe — häufig auf Friedhöfen und in Vorgärten zu finden — ist äußerst giftig. Chemische Stoffe in den Blättern und Früchten greifen das Herz an und lähmen es. Pferde, die sich mit Eibe vergiftet haben, können tot vorgefunden werden mit Eibenzweigen noch im Maul.

Im Farnkraut ist ein Gift enthalten, das sich ansammelt. Die Pferde sind nach seinem Genuß schwach, verlieren die Koordination, taumeln und legen sich endlich nieder. Der Tod tritt einige Zeit nach dem ersten Fressen des Farnkrauts ein. Eine rechtzeitige Behandlung ist erfolgreich.

Das Johanniskraut enthält einen der Erreger, der die Haut zu einer Reaktion auf das Sonnenlicht veranlaßt (s. Photosensibilität).

Chemikalien

Blei verursacht allgemeine Schwäche, Schluckbeschwerden und Blutarmut. Eine rechtzeitige Behandlung sorgt für Heilung. Organische Phosphorverbindungen, wie sie in Unkrautvernichtern und Insektiziden zu finden sind, lösen nervöse Symptome aus, übermäßigen Speichelfluß, Kolik und Durchfall, Kollaps und Tod. Sofortige Behandlung mit Atropin-Sulphat kann manchmal eine Heilung bewirken.

Maßnahme >	1	2	3	4	5
Impfungen gegen **Pferdegrippe**	1. Impfung, am(bei Fohlen ab 3. Lebensmonat):	4 bis sechs Wochen später: 1. Nachimpfung, am:	6 Monate später: Auffrischung, am:	9 Monate später: Auffrischung, am:	9 Monate später: Auffrischung, am:
Impfungen gegen **Pferdegrippe** (Risikopferde, die z.B. häufig transportiert werden)	1. Impfung, am:	4 bis sechs Wochen später: 1. Nachimpfung, am:	6 Monate später: Auffrischung, am:	6 Monate später: Auffrischung, am:	6 Monate später: Auffrischung, am:
Impfungen gegen **Tetanus** (bei Fohlen ab 4. Lebensmonat)	1. Impfung, am:	2. Impfung, 4 - 8 Wochen später, am:	1. Auffrischung: ein Jahr später, am:	Nächste Auffrischung: zwei Jahre später, am:	Nächste Auffrischung: zwei Jahre später, am:
Impfungen gegen **Virusabort** (tragende Stuten)	3. oder 4. Trächtigkeitsmonat, am:	7. oder 8. Trächtigkeitsmonat, am:			
Wurmkuren(Weidepferde und Fohlen), jeweils vor dem Austrieb, dann alle 4 - 6 Wochen, im Winter alle 6 - 8 Wochen, Vorschlag:	Gruppe I im Oktober, am:	Gruppe III Anfang Dezember, am:	Gruppe II im Februar, am:	Gruppe I im April, am:	Gruppe II im Juni, am:
Wurmkuren(Reitpferde) sechsmal jährlich, Vorschlag:	Gruppe I im Februar, am:	Gruppe II im April am:	Gruppe I im Juni, am:	Gruppe II im August, am:	Gruppe I im Oktober, am:
Kotproben, jährlich	am: Befund:	am: Befund:	am: Befund:	am: Befund:	am: Befund:
Tollwut, jährlich	1. Impfung 1993, am:	2. Impfung 1994, am:	3. Impfung 1995, am:	4. Impfung 1996, am:	5. Impfung 1997, am:
Hufpflege/ Beschlag: alle 4 - 6 Wochen	am:	am:	am:	am:	am:
Zahnuntersuchung 2mal jährlich, Vorschlag:	Februar, am:	September, am:	Februar, am:	September, am:	Februar, am:

6	7	8	9	10	11	12
9 Monate später: Auffrischung, am:	9 Monate später: Auffrischung, am:	9 Monate später: Auffrischung, am:	9 Monate später: Auffrischung, am:	9 Monate später: Auffrischung, am:	9 Monate später: Auffrischung, am:	9 Monate später: Auffrischung, am:
6 Monate später: Auffrischung, am:	6 Monate später: Auffrischung, am:	6 Monate später: Auffrischung, am:	6 Monate später: Auffrischung, am:	6 Monate später: Auffrischung, am:	6 Monate später: Auffrischung, am:	6 Monate später: Auffrischung, am:
Nächste Auffrischung: zwei Jahre später, am:	Nächste Auffrischung: zwei Jahre später, am:	Nächste Auffrischung: zwei Jahre später, am:	Nächste Auffrischung: zwei Jahre später, am:	Nächste Auffrischung: zwei Jahre später, am:	Nächste Auffrischung: zwei Jahre später, am:	Nächste Auffrischung: zwei Jahre später, am:

Verschiedene Wurmmittel weisen dieselben chemischen Grundsubstanzen auf. Die aufgeführten Mittel gehören zu drei Gruppen, die im Wechsel zu geben sind:
Gruppe I: Panacur[R], Rintal[R], Telmin[R], Thibenzole[R]
Gruppe II: Banminth[R]
Gruppe III: Ivomec[R] (ein "Muß" im Dezember)

6	7	8	9	10	11	12
Gruppe I im August, am:	Gruppe II im September, am:	Gruppe I im Oktober, am:	Gruppe III Anfang Dezember, am:	Gruppe II im Februar, am:	Gruppe I im April, am:	Gruppe II im Juni, am:
Gruppe III Anfang Dezember, am:	Gruppe II im Februar, am:	Gruppe I im April, am:	Gruppe II im Juni, am:	Gruppe I im August, am:	Gruppe II im Oktober, am:	Gruppe III Anfang Dezember, am:
am: Befund:	am: Befund:	am: Befund:	am: Befund:	am: Befund:	am: Befund:	am: Befund:
6. Impfung 1997, am:	7. Impfung 1998, am:	8. Impfung 1999, am:	9. Impfung 2000, am:	10. Impfung 2001, am:	11. Impfung 2002, am:	12. Impfung 2002, am:
am:	am:	am:	am:	am:	am:	am:
September, am:	Februar, am:	September am:	Februar, am:	September, am:	Februar, am:	September, am:

Glossar

Blister: Scharfe Einreibungen. Zweck einer scharfen Einreibung ist es, die Haut derart zu ätzen und bis ins Unterhautgewebe zu entzünden, daß aus einer chronischen eine akute Störung wird. Nach dem Abklingen der akuten Entzündung soll ein Heilungsprozeß einsetzen. Geblistert wird, u.a. mit rotem Quecksilberbijodid und Kantharidin, bei chronischen Gelenkentzündungen und Knochenerkrankungen, bei Sehnen- und Sehnenscheidenentzündungen. Die Wirkung von scharfen Einreibungen ist zweifelhaft. Heilungen nach Einsatz von Blister sind in erster Linie auf die gleichzeitige Ruhigstellung des Pferdes zurückzuführen.

Brennen: Wie bei den scharfen Einreibungen hat auch das Brennen den Zweck, einen chronischen in einen akuten Entzündungsprozeß zu überführen, der dann in Heilung übergeht. Gebrannt (mit dem Brenneisen oder dem elektrisch beheizten Thermokauter) wird u.a. bei Weichgewebsschädigungen um Gelenke, Bänder und Sehnen und bei chronischer und traumatischer Arthritis des Fesselgelenks. Das Brennen ist heute nur noch unter ganz bestimmten Voraussetzungen das Mittel der Wahl, auch deswegen, weil verschiedene schädliche Nebenwirkungen auftreten können.

Elektrolyte: (laut Pschyrembel) Verbindungen (Säuren, Basen, Salze), die in wäßriger Lösung in Ionen zerfallen. In Pulverform im Handel. Der Elekrolythaushalt ist eng mit dem Wasserhaushalt verknüpft. Das Körperwasser muß einen relativ konstanten Gehalt an Elektrolyten aufweisen.

Kuhhessig: Bei der kuhhessigen Stellung stehen die Hintergliedmaßen bis zum Sprunggelenk bodeneng, von da an abwärts bodenweit. Diese Deformation ist sehr ungünstig, da sie die inneren Seiten des Sprunggelenks überbeansprucht. Daraus kann Knochenspat resultieren.

Milchsäure: M. ist das Endprodukt der Glykolyse, dem Energiegewinnungsprozeß innerhalb von Zellen und Geweben. Bei Muskelarbeit steigt das Salz der Milchsäure (L-Laktat) stark an und kann Übersäuerung bewirken, die zu Muskelkater führt. Laktatbestimmungen werden zur Ermittlung des Trainingszustandes bei Sportlern (auch bei Pferden) vorgenommen.

Phenylbutazon (Butazolidin, »Buta«, »Bute«): Ist ein Mittel mit entzündungshemmender Wirkung. Es wird gerne verabreicht bei Gliedmaßenproblemen und war viele Jahre lang ein besonders im Turniersport favorisiertes Dopingmittel. International war es im Springsport bis zu einer bestimmten Dosis erlaubt, inzwischen steht es auf der »Abschußliste«. Da Phenylbutazon den Schmerz nimmt, werden erkrankte Gliedmaßen voll belastet. Das ist möglichen Heilungsprozessen abträglich. Seiner Nebenwirkungen wegen ist die Gabe von Phenylbutazon beim Menschen nur unter bestimmten Bedingungen angesagt und nur für längstens eine Woche erlaubt.

Resistenz: Widerstandsfähigkeit von Organismen gegenüber Medikamenten, Infektionen, Giften, etwa die Resistenz bestimmter Parasiten gegen bestimmte Wurmmittel. Verschiedene Parasiten können durch Mutation und nachfolgende Selektion Resistenz erwerben.

Steingallen: Steingallen treten zumeist als Eckstrebensteingallen an den Sohlen der Vorderhufe im Eckstrebenbereich auf. Sie entwickeln sich häufig aus unsachgemäßem Beschlag, etwa wenn die

Eisen zu lange am Huf gelassen werden und die Schenkelenden sich in die Hufwand pressen. Unbeschlagene Pferde entwickeln sogenannte Sohlensteingallen infolge äußerer Einwirkung. Trockene Steingallen (mildeste Form dieser generell problematischen Erkrankung) sind an der meist rötlichen Verfärbung durch Blutungen an der inneren Hornfläche zu erkennen.

Trachten: Die Trachten sind der Teil des Hufes, der den Boden berührt. Die hinteren Abschnitte der Trachten heißen Eckstreben.

Weiße Linie: Die weiße Linie bildet den Übergang zwischen Hufplatte und Hufsohle. Sie ist recht weich, daher kann sich das Pferd Steinchen in die weiße Linie eintreten.

Nützliche Adressen

Bundesgesundheitsamt (BGA)
– Institut für Veterinärmedizin –
Thiel-Allee 88/92
14195 Berlin

Bundesverband praktischer Tierärzte e.V.
Hauptgeschäftsstelle
Hamburger Allee 12
60486 Frankfurt

Deutsche Homöopathie-Union
Postfach 41 02 80
76202 Karlsruhe

Deutscher Tierschutzbund e.V.
Baumschulallee 15
53115 Bonn

Tierärztliche Hochschule Hannover
Bischofsholer Damm 15
30173 Hannover

Veterinärmedizinische Universität Wien
Linke Bahngasse 1
A-1030 Wien

Tierärztliches Institut der Universität
Göttingen
Groner Landstr. 2
37073 Göttingen

Einen »Fachbereich Veterinärmedizin« gibt es an folgenden Hochschulen:

Freie Universität Berlin
Ehrenbergstr. 17
14195 Berlin

Humboldt-Universität zu Berlin
Luisenstr. 56
13407 Berlin

Justus-Liebig-Universität
Frankfurter Str. 89-94
35392 Gießen

Ludwig-Maximilians-Universität
Veterinärstr. 13
80539 München

Universität Leipzig
Zwickauer Str. 55
04103 Leipzig

Universität Bern
Postfach 27 35
CH-3001 Bern

Universität Zürich
Postfach
CH-8057 Zürich

Folgende Zeitschriften unterhalten einen Leserservice, der Fragen der Pferdehaltung und -gesundheit beantwortet:

Freizeit im Sattel
Venusbergweg 10
53115 Bonn

reiten und fahren St. Georg
Postfach 10 33 46
20023 Hamburg

Reiter Revue international
Postfach 11 35
40196 Düsseldorf

Empfehlenswerte Bücher aus dem Franckh-Kosmos Verlag:

INGOLF BENDER:
Handbuch Offenstallhaltung

JENS MARTEN/ARMIN SALEWSKI:
Handbuch der modernen Pferdehaltung

SALLIE WALROND:
Probleme mit dem Pferd – was tun?

DR. HANS-DIETER KÖRBER:
Huf, Hufbeschlag, Hufkrankheiten

Register